Paris
1832

Kleist, Henry   de

Soirées   Allemandes

première série, contes de Henry   de Kleist

Tome 1

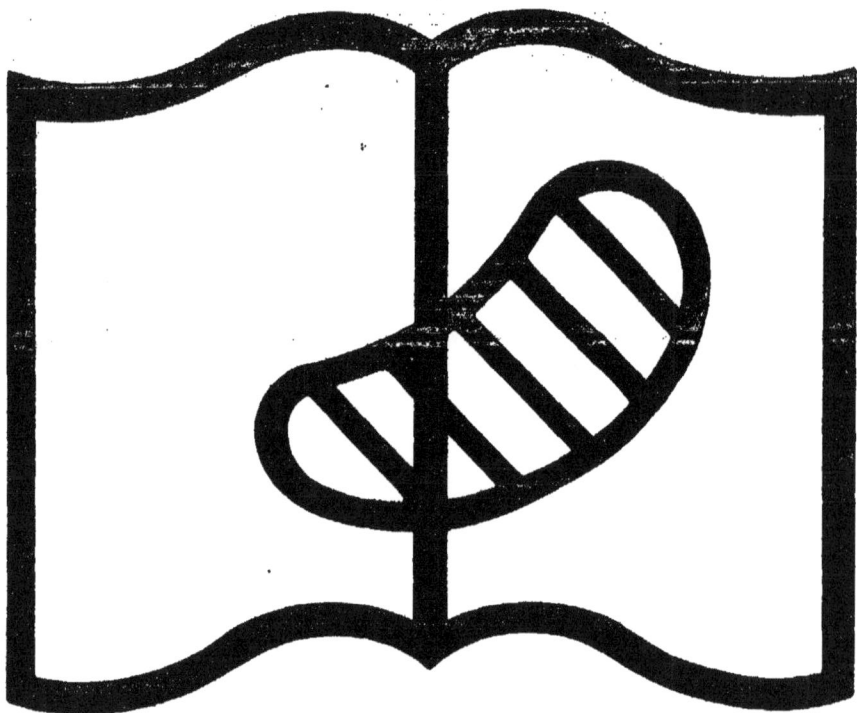

Symbole applicable
pour tout, ou partie
des documents microfilmés

Original illisible

NF Z 43-120-10

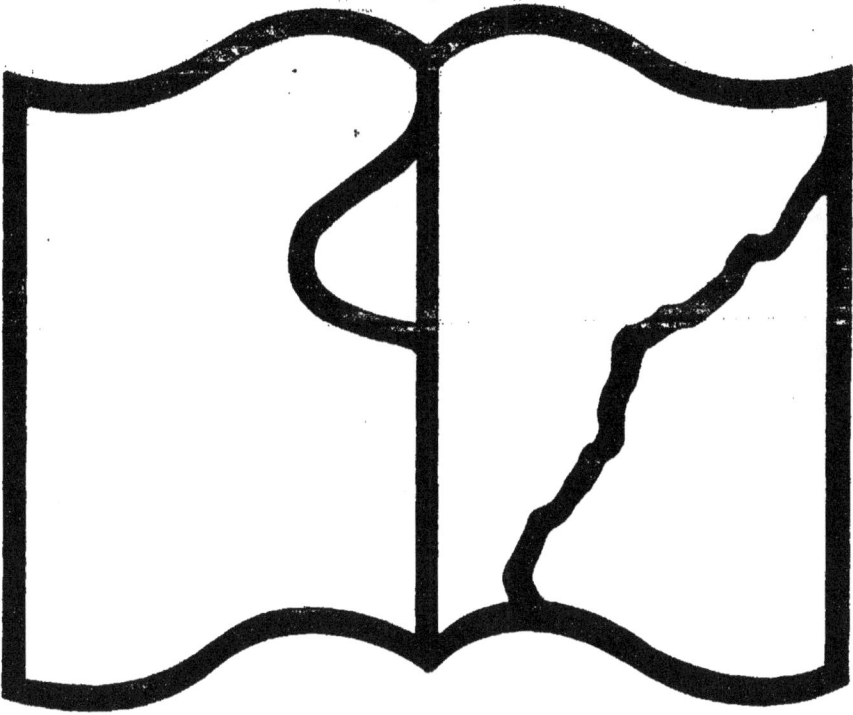

**Symbole applicable
pour tout, ou partie
des documents microfilmés**

Texte détérioré — reliure défectueuse

NF Z 43-120-11

Soirées
ALLEMANDES.

PREMIÈRE SÉRIE

CONTES
DE HENRY DE KLEIST,

TRADUITS DE L'ALLEMAND
PAR A. ? ET J. CHERBULIEZ.

Tome premier.

PARIS,
AB. CHERBULIEZ, LIBRAIRE,
rue de ... germain, ...

GENÈVE, MÊME MAISON.

1832

SOIRÉES ALLEMANDES.

PARIS, IMPRIMERIE DE DECOURCHANT,
Rue d'Erfurth, n° 1, près de l'Abbaye.

Soirées
ALLEMANDES.

PREMIÈRE SÉRIE.

CONTES
DE HENRY DE KLEIST,

TRADUITS DE L'ALLEMAND

PAR A. I. ET J. CHERBULIEZ.

 **Tome premier.**

PARIS,
AB. CHERBULIEZ, LIBRAIRE,
RUE DE SEINE-S.-GERMAIN, N° 57.
GENÈVE, MÊME MAISON.

1832

Notice

SUR LA VIE ET LES ÉCRITS

D'HENRY DE KLEIST.

Ce qui distingue principalement
les littérateurs allemands, c'est, si
nous pouvons employer un mot
nouveau, *la sentimentalité*, cet état
d'être intérieur qui semble être la
vie de l'âme, et qui influe si fortement sur leur existence et leurs
écrits. Un écrivain chez eux n'est
pas un homme qui écrit pour faire
un livre et prend la plume dans

ce but; c'est un enthousiaste qui
obéit à une certaine inspiration
presque indépendante de lui-même, et au besoin impérieux d'exprimer les idées qui se pressent en
foule dans son esprit.

C'est là, nous croyons, le véritable cachet dont l'empreinte se
retrouve plus ou moins forte dans
tous les écrits que l'Allemagne voit
éclore chaque année; mais elle est
surtout très-remarquable dans les
travaux des hommes de génie
qu'elle a produits. Cette tendance
à la vie idéale rend la biographie
de tels hommes difficile à écrire,
mais aussi bien plus intéressante,
puisqu'elle nous offre le tableau
réel des pensées, des sensations et

des impressions de celui qui en est l'objet. C'est l'histoire de son âme et non celle de ses actions. Henri de Kleist doit être rangé dans cette catégorie. La · sentimentalité se montre dans chacune de ses productions, et sa vie, qui eût été dénuée d'événemens sans la catastrophe horrible qui la termina, offre un intérêt tout psychologique. Nous extrairons la plus grande partie de cette notice de l'avant-propos qui précède l'édition de ses œuvres, publiée par L. Tieck, en 3 volumes in-8°, Berlin, Reimer, 1826.

Henry de Kleist naquit le 10 octobre 1776 à Francfort sur l'Oder. A l'âge de quinze ans, il vint à

Berlin, comme gentilhomme de la garde (junker zur garde). Dans ses heures de loisir, il était studieux, s'occupait de diverses manières, et bientôt il développa un beau talent pour la musique: il jouait de plusieurs instrumens. Il fit la campagne du Rhin. Après la paix, il ne se contenta pas de sa place de lieutenant, dans la garnison de Postdam, et demanda son congé, pour avoir le temps et les moyens de s'instruire. Le roi, qui le favorisait beaucoup, voulut lui accorder un temps illimité, après lequel il pourrait rentrer au régiment. Mais Kleist, plein d'impatience, et fermement convaincu qu'il ne pourrait acquérir de la

science que lorsqu'il serait tout-à-
fait libre, redemanda de nouveau
son congé, et l'obtint.

Ce fut alors, en 1799, qu'il vint
à Francfort sur l'Oder, pour suivre les cours de l'université. S'étant
de bonne heure destiné à l'état
militaire, son éducation n'avait pas
été celle d'un futur savant. Si donc,
âgé de vingt-trois ans, il surpassait
plusieurs de ses compagnons d'é-
tude en expérience, en talens
agréables et en développement, il
était bien inférieur à la plupart
dans les sciences utiles. Il le sentait
souvent, lorsqu'il était arrêté par
quelque difficulté, et son esprit vif
franchissait tous les obstacles qui
le séparaient de son but. Autant il

montrait quelquefois de gaîté, d'a-
bandon et d'étourderie, autant on
le trouvait dans d'autrés momens
sérieux et renfermé: tantôt il était
content de lui-même, se réjouissait
de ses progrès ; tantôt il se détes-
tait, s'accusait d'être inutile et in-
capable, et il voulait obtenir en
peu de temps et de vive force, ce
que la patience, la persévérance et
la résignation peuvent seules gagner de l'esprit le mieux doué.

Celui qui dans un tel état de
trouble moral a besoin de lutter avec
les autres et avec lui-même, perdra
bientôt toute règle de conduite.
Ce zèle qui, justement parce qu'il le
poussait souvent trop loin, l'aban-
donnait quelquefois tout-à-fait,

jeta Kleist dans une sorte d'incertitude qui lui attira souvent des scènes comiques. La tentative infructueuse d'un ami qui voulut se tuer d'un coup de pistolet, et qui s'étant manqué, fut malade durant quelques jours des suites de l'impression profonde qu'avait produite sur lui cette idée, l'ébranla fortement. Il parlait d'une telle action avec l'amertume la plus grande, l'appelant une lâcheté qui pouvait à la fois être le plus grand crime.

Son plus vif désir alors était de devenir un citoyen utile, et de se perfectionner autant que cela est possible à l'homme. A son arrivée à Francfort, il eut d'abord l'intention de s'instruire pour devenir un savant

professeur dans quelque université;
il changea ensuite ce plan, et voulut se vouer à la carrière diploma-
tique, se flattant d'obtenir bientôt
un poste honorable. Dans l'été de
1800 il quitta Francfort, alla à Berlin, voyagea et passa dans l'automne
ne de la même année plusieurs semaines à Wurtzburg. Lorsqu'il revint à Berlin, il fut placé dans le département du ministre Struensée.

Mais son caractère était toujours
plus inquiet : il est naturel à l'homme
enthousiaste de priser trop haut ce
qu'il étudie avec passion et d'après
sa propre idée; mais on comprend
aussi que dans d'autres momens,
lorsqu'il s'aperçoit que la science
et l'étude ne lui procurent pas ce

repos dont notre âme est avide, il méprise profondément le savoir et l'application, et regarde comme l'état le plus vrai et le plus heureux un certain état naturel, idéal et impossible qu'il place au-dessus de toute culture. C'est dans cette malheureuse position que se trouvait alors Kleist, et lorsqu'il apprit à connaître la philosophie de Kant, à laquelle il s'adonna quelque temps avec le plus grand zèle, loin de devenir plus calme, il éprouva une anxiété plus vive encore.

Cette philosophie lui convenait-elle? était-il mûr pour elle? Ce sont des questions qu'il serait difficile de résoudre. Depuis Kant, nous avons vu bien des disciples de ce

système qui, s'en écartant, juraient
toujours par le nom de ce grand
chef, et réussirent à perdre le sens
et la raison, aussi bien dans la
science que dans les arts et toutes
les transactions de la vie. Rarement
il s'en est rencontré un qui sentit
vraiment son esprit s'éveiller, et
qui apprit à penser. Le disciple, une
fois qu'il a découvert la vie, l'histoire, la science et tout ce qui
l'entoure, va en avant avec ses liens
qui lui laissent peu d'espace pour
agir, droit son chemin, jugeant
d'autant plus sûrement, rejetant
et critiquant tout ce qui ne con-
corde pas avec son système. Il
est donné à tous d'apprendre à

penser, mais tous ne sont pas ap-
pelés à être philosophes.

Kleist aussi devint par ce moyen
plus fier et plus présomptueux,
sans que son intérieur en fût plus
calme. Il parut alors se débarrasser
de tout devoir, et ne vivre que
pour les sciences les plus relevées.
Être un citoyen ne lui sembla plus
qu'une vile position dans laquelle
chaque emploi le gênerait et l'em-
pêcherait d'accomplir sa vocation
sainte. Il lui semblait inconvenant
pour un homme de travailler pour
le gouvernement auquel il n'avait
point donné son approbation, et
de se laisser employer comme un
instrument aveugle. C'est ainsi

qu'une perplexité en chassait une
autre.

Son inquiétude et ses angoisses
s'accrurent à un tel point que bientôt son désir fut de changer de
situation à quelque prix que ce fût.
L'équilibre de son intérieur étant
détruit, les plans de vie les plus
avanturiers lui parurent bons et
raisonnables. Il voulut aller en
France; et là, comme disciple, enseigner et répandre la philosophie
de Kant, donner des leçons d'allemand, etc. Mais aussi dans ce
même temps cette philosophie qu'il
ne saisissait ni ne comprenait parfaitement, lui inspira des doutes
cruels sur tout le savoir humain,
sur la possibilité du perfectionne-

ment et sur la vérité elle-même.

Ce fut pour lui comme une délivrance après une longue captivité, lorsqu'au printemps de 1801, il put entreprendre un grand voyage. Il se peut que le ministère lui fournit quelques secours, parce qu'il se représenta comme allant à Paris étudier les sciences naturelles, et en particulier la chimie, pour faire ensuite servir ses connaissances acquises au profit du gouvernement. Cependant il est douteux qu'on fit rien pour lui, car il employa presque toute sa petite fortune à cette entreprise.

Sa sœur l'accompagna dans ce voyage, pour lequel il acheta une voiture, un cheval, et prit un domestique qui pût en même temps lui servir de cocher. Il partit avec la ferme persuasion que cette excursion le rendrait un homme tout-à-fait mûr et capable, et que tous les sacrifices qu'il faisait pour cela, seraient bien largement compensés. Cependant, même avant de partir il se repentit plusieurs fois de son projet; mais, orgueilleux comme l'était son caractère, il ne voulut pas revenir de sa décision, d'autant plus qu'il s'était déjà procuré ses papiers, qu'il avait reçu des recommandations de plusieurs hommes distingués pour les savans les plus célèbres de Paris, et qu'il avait parlé de son futur séjour dans cette capitale, à tous ses amis.

Au commencement de mai 1801 il vint à Dresde ; en juin, il était à Gottingue. A Leipsick, il fit la connaissance de Platner, et à Halberstadt le vieux Gleim le reçut très-amicalement sur la seule recommandation de son nom.

Il utilisa son voyage en faisant un détour pour se rendre à Paris. De Mayence il continua sa route sur le Rhin par Bonn et Cologne. Ce fleuve et ses magnifiques bords excitèrent son enthousiasme comme celui de tous ceux qui les voient pour la première fois. En quittant Coblenz avec le bateau de poste, il s'éleva un orage si violent, qu'on fut obligé d'aborder dans un petit village où les voyageurs

se virent confinés depuis dix heures
du matin jusqu'à onze heures du
soir. Lorsque dans la nuit ils voulu-
rent partir, croyant le calme rétabli, le vent s'éleva de nouveau avec
tant de furie que le bateau de poste
faillit en être submergé.

« Chacun se lamentait (écrivit
alors ce jeune voyageur à l'un de
ses amis), oubliant les autres, et
cherchant à s'attacher à quelque
poutre pour se sauver. Ah! rien n'est
plus dégoûtant que cette crainte
de la mort. La vie est le seul bien
qui vaille quelque chose, si nous
ne la prisons pas trop. Elle est méprisable quand nous ne savons pas
facilement l'abandonner, et celui-
là seul peut faire de grandes choses,

qui peut sans peine et avec joie
s'en détacher. Celui qui la chérit
avec sollicitude est déjà moralement
mort, car sa plus belle qualité, qui
est de pouvoir la sacrifier, a disparu
de son âme.

» Et cependant, combien est incompréhensible la volonté qui nous
régit! Cette chose énigmatique que
nous possédons sans savoir comment, qui nous conduit nous ne
savons où, qui est notre propriété
sans que nous puissions en dispo-
ser; ce don qui perd tout son prix
dès que nous l'estimons trop, cette
chose semblable à un contre-sens,
plate et profonde, vide et riche,
digne et méprisable; cette chose
que chacun pourrait rejeter comme

un livre inintelligible,... ne sommes-nous pas forcés par une loi de la nature à l'aimer? Nous devons trembler devant l'anéantissement, qui cependant ne peut pas être si pénible que l'est bien souvent l'existence. Plus d'un mortel qui gémit sur le triste don de la vie, est obligé de l'entretenir en mangeant et en buvant; de prendre garde que cette flamme ne s'éteigne pour ne plus se rallumer..... cela n'est-il pas bien obscur? Patience: il n'en sera pas toujours ainsi.

PATIENCE !.... le Ciel peut-il l'attendre de l'homme à qui il a donné un cœur plein de désirs?.... Ah! des distractions, des distractions!... Oh! si la vérité des recherches et de l'étude m'apparaissait comme autrefois digne de mes efforts, que d'occupations je trouverais ici !... Dieu me donne de nouvelles forces ! J'essaierai.... »

C'est dans cet état de doute et d'inquiétude qu'il vivait à Paris. Le célèbre Humboldt lui procura la connaissance de plusieurs savans très-distingués ; mais il n'en profita pas long-temps : bientôt son trouble intérieur l'emporta, tout son voyage ne lui parut plus qu'une folie, il en vint à mépriser souverainement ces mêmes sciences dont, peu de temps avant, l'étude lui avait semblé digne d'être recherchée jusqu'à Paris.

« Oui, écrivait-il alors, faire ce que le Ciel exige évidemment de nous, c'est assez. — Jouir de la vie aussi long-temps que notre cœur bat, faire quelque bien à ce qui nous entoure, parce que c'est aussi une jouissance; travailler afin de pouvoir jouir, donner la vie à d'autres; afin qu'ils fassent de même et que la race se perpétue; — et puis mourir. — Celui qui fait cela et rien de plus, a reçu du ciel l'explication d'un mystère....

» Oui, ce serait folie de ne pas vivre pour le quart d'heure présent, pour l'instant où nous nous trouvons. Jouir, c'est le prix de la vie! Oui vraiment, si nous n'étions jamais joyeux, ne pourrions - nous pas avec justice demander au créateur : Pourquoi nous l'as-tu donnée? Le devoir du Ciel a été de donner à ses créatures l'existence ; celui des hommes est de savoir en jouir. »

Ce fut dans l'automne de cette année que, malgré les représentations plus sensées de sa sœur, il résolut de se rendre en Suisse avec le reste de sa fortune, d'y acheter une maison, un champ, et d'y vivre et mourir comme laboureur. Il renvoya d'abord sa sœur à Francfort-sur-Mein, et partit pour Berne afin de chercher dans les environs de cette ville le séjour qu'il désirait.

Il vécut quelque temps sur les bords du lac de Thoun, dans la plus grande solitude, et ce fut là qu'il commença à s'occuper de poésie. Mais les profondes émotions qui depuis long-temps se livraient en lui un pénible combat, avaient ébranlé sa santé; il tomba très-malade. Sa sœur revint pour le soigner, et après sa guérison l'accompagna en Allemagne.

En 1802 Kleist alla à Weimar, où Wieland reçut le jeune poète avec une affection toute paternelle. Kleist vécut assez long-temps dans la maison de Wieland; ce fut d'après son conseil qu'il travailla son drame intitulé la Famille Schroffenstein, et qu'il plaça en Allemagne la scène, qui était d'abord en Espagne. De Weimar Kleist alla à Dresde, où il remit à l'œuvre sa tragé-

die favorite de Robert Guiskard,
qu'il avait déjà deux fois abandon-
née dans son découragement.

A Dresde, il fit la connaissance
d'un homme d'un caractère ferme
et distingué, auquel le lia bientôt
l'amitié la plus intime, et qui eut
sur sa vie, comme sur les progrès
de son développement, l'influence
la plus remarquable. Il entreprit
avec lui un nouveau voyage en
Suisse. Allant presque toujours à
pied, ils passèrent quelque temps
à Thoun et à Berne. Là, dans le
repos et la paix, il travailla à
R. Guiskard; puis, continuant leur
excursion dans les vallées de la
Suisse, les deux amis allèrent jusqu'à Milan. De là ils retournèrent

à Berne, à Thoun, et traversant le pays de Vaud, ils se rendirent à Genève, puis à Paris par Lyon.

Durant ce voyage, le poète montra souvent le désaccord de son âme, maladie qui fut toujours visible dans toutes les situations de sa vie et dans tous ses plans. Il était parfois saisi d'une humeur noire qui le maîtrisait entièrement, et à Paris cette lutte intérieure augmenta tellement, qu'il se sépara tout-à-fait de son ami. Dans son désespoir et son dégoût de lui-même et du monde, il brûla tous ses papiers, et détruisit aussi pour la troisième fois les tragédies qu'il avait commencées avec tant de plaisir. Ainsi troublé, il quitta

Paris, se rendit à Boulogne, puis revint bientôt dans la capitale, où il ne retrouva point son ami, et ne put avoir de ses nouvelles. Alors se réveilla en lui le désir de revoir sa patrie. Il partit aussitôt pour s'y rendre, mais une cruelle maladie le retint à Mayence pendant près de six mois.

Après sa guérison, il alla à Postdam, et de là à Berlin, où il travailla encore au département des finances. Il retrouva son ami, avec lequel il se réconcilia bientôt, et animé d'un nouveau zèle il s'abandonna de nouveau à ses inspirarations poétiques.

Un jour qu'il engageait son ami à composer aussi une tragédie, ce-

lui-ci lui raconta l'histoire de Kohlhaas, dont le nom est encore donné
à un pont à Postdam, et dont le
souvenir se conserve encore parmi
le peuple. Ce récit captiva Kleist,
et il se mit à écrire cette nouvelle,
qui a été insérée en tête de ses
Contes.

«La guerre de Prusse éclata;
après la bataille de Jéna, tout le
monde fuyant Berlin, il alla à
Kœnigsberg en Prusse. Son pa-
triotisme et sa haine violente contre l'ennemi de sa patrie, le rendirent très-malheureux; il se retira
de toute société, fuyant toutes ses
connaissances; il quitta sa place au
ministère, et demeurait des journées
entières dans sa chambre sans voir

personne. C'est à cette époque qu'il écrivit *la Cruche cassée*, et traduisit l'*Amphitryon* de Molière, peut-être pour se distraire et ranimer par ce travail sa gaîté éteinte.

Pendant que la guerre durait encore, il se rendit à Berlin avec son ami. Je ne sais comment il attira l'attention des autorités françaises, mais il fut arrêté et renfermé pendant six mois dans la même prison où avait été le fameux Toussaint Louverture. De là on le conduisit à Châlons. Il est probable que dans la solitude de cette longue détention, il fit de nombreuses poésies.

Lorsqu'enfin il eut obtenu sa liberté, il se rendit à Dresde pour s'adonner entièrement à l'étude. Il

y retrouva son ami, et fit la connaissance de A. Muller. Il était alors
plein de zèle; il versifia sa *Penthésilée*, acheva *Kohlhaas* et la plupart de ses autres contes, et termina
la plus grande partie de ce qu'il a
laissé. Son *Robert Guiskard* fut de
nouveau mis en œuvre, il en donna
plusieurs extraits dans un journal
annuel intitulé *Phébus* qu'il pu-
bliait en société avec A. Muller.

L'état de l'Allemagne, le triste
avenir qui semblait se préparer
pour elle, devaient nécessairement
affliger tout homme ami de sa patrie. Ce sentiment et la haine que
lui inspiraient les ennemis oppres-
seurs de son pays, enflammèrent
la verve de notre poète, et chassè-

rent de son esprit toute autre idée.
Il fit alors le poème d'*Hermann*.
En 1809, la guerre contre la
France éclata, il composa une ode
intitulée *Germania*, et toutes ses
espérances se réveillèrent. Il se rendit à Prague pour chercher à s'u-
tiliser comme écrivain de la bonne
cause, et il a laissé plusieurs frag-
mens, qui tous dénotent ses efforts
pour exciter l'enthousiasme des
Allemands, pour les unir et déjouer les machinations et les ruses
de l'ennemi. Kleist voulut de
Prague se rendre à Vienne, mais
l'armée française y était déjà, et
pendant le combat d'Aspern il se
trouva tout près du champ de bataille. Il retourna à Prague, où une

grave maladie le retint long-temps.

Lorsque fut conclue la paix qui semblait détruire entièrement toutes les espérances de liberté pour l'Allemagne, il partit pour sa patrie, et vint à Berlin avec son ami, A. Muller, qui après quelque temps le quitta pour se rendre à Vienne. Sa famille désirait lui voir accepter quelque nouvelle place, mais il repoussa vivement cette idée. Il s'occupait à publier une feuille hebdomadaire, portant pour titre : *Abendblatter*, qui souvent inégale et rédigée par divers auteurs, contint cependant quelques morceaux remarquables de Kleist. Il travailla aussi à perfectionner ses contes, et composa *le Prince de*

Homburg, qui sans nul doute est son ouvrage le plus parfait et le meilleur.

Kleist, comme tous les auteurs allemands de cette époque, avait en vue, dans toute sa vie et dans tous ses efforts, la liberté d'une patrie opprimée, dont le développement moral était arrêté dans son essor par des vainqueurs étrangers à ses mœurs et à sa langue. Cette nation, si avancée en théorie et si retardée dans la pratique, fut tout-à-coup tirée de ses habitudes contemplatives, par les efforts réunis des jeunes littérateurs de cette époque, et l'enthousiasme, jusqu'alors dirigé uniquement vers un but idéal, fut reporté vers l'amour

de la patrie et de la liberté. Une ère
nouvelle semblait vouloir naître;
l'intelligence profonde des Allemands se serait enfin appliquée à
un but réel, et les progrès de la ci-
vilisation auraient sans doute été
prompts et immenses dans cette
contrée, si des gouvernemens om-
brageux, après avoir d'abord en-
couragé cette tendance utile à leurs
projets, ne l'eussent ensuite écra-
sée sous leur sceptre de plomb, dès
qu'elle leur parut franchir les bornes qu'ils lui avaient assignées.

On trouve dans les lettres que
Kleist écrivit durant son dernier séjour à Berlin, l'empreinte du découragement et de la tristesse dont
son cœur était rempli. Toutes ses

espérances les plus chères étaient
évanouies; la paix conclue sous des
conditions humiliantes, avait détruit tous ses plans.

« Nos relations, écrivait-il, sont
ici plus pénibles que jamais; on at-
tend la visite de l'Empereur, et s'il
vient, deux mots peut-être dé-
truiront tout ce que nos politiques se sont donné tant de mal à
construire. Vous pouvez penser
combien cette idée m'affecte; tout
paraît sombre et menaçant à ma
pensée, il n'est pas un point dans
l'avenir que je puisse regarder avec
joie et espérance. Il y a quelques
jours, j'étais avec G.... et je lui
soumis deux mémoires que j'avais
composés; mais tout cela n'est,

comme le disent les Français, que moutarde après dîner. En vérité, c'est singulier, comme tout ce que j'entreprends maintenant réussit mal, comme en toute occasion; lorsque je puis une fois me résoudre à faire un pas en avant, le terrain aussitôt manque sous mes pieds. »

L'année 1811 fut témoin de sa fin malheureuse. Sa mort volontaire et subite, qui ne fut point commandée par la passion ni le désespoir, frappa bien cruellement tous ses amis et tous ceux qui admiraient son talent, son noble caractère.

Depuis plusieurs années, une froide indifférence pour la vie s'était emparée de son âme; il avait renoncé à sa patrie, à l'Allemagne, à lui-même. Une femme, une amie en qui il avait trouvé un cœur capable de le comprendre, se trouvait atteinte d'un mal horrible et incurable qui la menaçait d'une mort sûre et affreuse. Dans un moment de tristesse, elle lui demanda de lui accorder une grâce dès qu'elle la réclamerait. Elle exigea un serment, et Kleist jura d'obéir à son amie. Alors celle-ci lui demanda la mort; car les médecins, fidèles à leur devoir, employaient tout leur art à prolonger son existence autant que possible. Kleist, esclave de sa parole, poignarda son amie, et se tua lui-même après avoir accompli cette horrible tâche.

Ainsi périt, trop tôt pour lui-même et pour la littérature, un homme qui aurait illustré son pays par ses talens. La patrie perdit en lui un de ses plus dignes enfans, peu avant sa restauration et au moment où allaient changer de face ces événemens dont il était si péniblement affecté.

Son serment et la sincérité avec laquelle il l'accomplit, trahissent un esprit malade; et un voyage, une occupation importante, auraient sans doute sauvé ce malheureux: un ami intime l'eût détourné facilement de cet acte de démence.

Peu avant sa mort il anéantit tous ses papiers. Un long manuscrit qui renfermait aussi l'histoire de ses pensées, eût été sans doute du plus grand intérêt. Peut-être quelqu'un de ses amis possède-t-il encore un écrit qui plus tard pourra nous en apprendre davantage sur lui. Il était consciencieux dans ses travaux, ne les terminait pas avec trop de promptitude, corrigeait et élaborait sans cesse. Il était très-difficile à se satisfaire lui-même. Henri de Kleist était d'une taille moyenne, et fortement constitué : son expression était sérieuse et taciturne ; il n'avait pas de vanité, mais sa conduite était empreinte d'un orgueil plein de dignité. Il ressemblait beaucoup au portrait du Tasse, et il avait aussi de commun avec ce grand poète quelque difficulté dans le langage.

Nous allons maintenant essayer de faire connaître les divers ouvrages de cet auteur, dont nous publions aujourd'hui les Contes, remarquables par le vif intérêt qu'ils inspirent et les nombreux détails qui en font tout le charme.

La Famille Schroffenstein est très-remarquable sous plusieurs rapports, comme le premier essai d'un jeune poète. Cette pièce n'est point, comme l'est ordinairement une première tragédie, empreinte de cette fougue de jeunesse et de cette poésie lyrique d'un enthou-

siasme encore vague. La haine, la
perfidie, la vengeance, y sont ad-
mirablement développées et en-
chaînées aux événemens; les per-
sonnages nous apparaissent vrais
et bien tracés. L'amour d'Ottokar
et d'Agnès est peint d'une manière
nouvelle, très-originale. Ces carac-
tères, surtout celui de la jeune fille,
sont dessinés avec la plus grande
précision; et cette naïveté enfan-
tine, cette vérité franche, la tendre résignation d'Agnés, lui pré-
tent un attrait séduisant qui est
rarement aussi bien rendu par les
poètes.

Deux familles unies d'assez près
par des liens de parenté, se brouillent à l'occasion d'une succession.

Dans l'une des familles, M. Rupert est d'un caractère sauvage, haineux; la femme est douce et tendre, et le fils Ottokar ne suit un plan de vengeance contre la famille Sylvestre que sur la foi de son père. Le second fils de Rupert a été trouvé assassiné; les gens de la maison Sylvestre sont soupçonnés de cet attentat. Toute la famille se réunit le soir autour du cadavre et jure de le venger. Tel est le sujet de ce drame bien conçu, et dont la marche jusqu'au quatrième acte ne mérite que des éloges; l'intérêt va toujours croissant, et l'action rapide, forte, nous captive tout-à-fait. Mais dans le dénouement, Kleist semble oublier qu'il écrit un

drame, et néglige la clarté si nécessaire dans un ouvrage de ce
genre. La maladie qui affligeait son
esprit semble influer fortement sur
le dernier acte, où les événemens
se brouillent et deviennent tout-à-
fait inintelligibles. Au milieu de
cette lutte continuelle de sentimens
et d'impressions diverses, il n'a pu
suivre une même idée jusqu'au
bout, et les défauts de son âme se
sont glissés dans la plupart des ouvrages du poète. A côté de son
amour et de sa connaissance de la
vérité et de la nature, on reconnaît
un puissant désir de les dépasser
toutes deux, et de placer un idéal
vide, une sorte de néant au-dessus
encore.

Quant à l'*Amphitryon de Molière*, il y travailla plus pour se distraire que par inspiration; mais *la Cruche cassée* est une production de beaucoup supérieure et très-originale. La circonstance suivante donna lieu à cette petite pièce, qui, n'ayant en quelque sorte aucun fondement, offre cependant un charmant attrait à la lecture, quoiqu'elle se refuse à l'analyse.

En 1802 Henri de Kleist et Louis Wieland, fils du poète de ce nom, se trouvaient à Berne avec Henri Zschokke, qu'ils comptaient au nombre de leurs amis. Dans la chambre de ce dernier se trouvait suspendue à la muraille une gravure au bas de laquelle était écrit : *La cruche cassée*. On y voyait un magister de village remplissant les fonctions de juge, et qui semblait fort en colère contre un jeune paysan debout devant lui. Une cruche cassée était sur la table; une jeune fille regardait en pleurant le coupable, tandis qu'une vieille femme paraissait occupée à expliquer ses griefs d'un air fort animé. Le dessin, plein d'expression, amusait beaucoup les trois amis et donnait lieu à mille conjectures sur l'objet que le peintre avait eu en vue. En plaisantant ils se promirent d'écrire chacun un récit à ce sujet selon sa propre idée. Louis Wieland fit une satire, Henri de Kleist une comédie, et

Zschokke le joli conte qu'a tra-
duit M. Loëve-Veimars dans ses
Contes suisses. Plus tard Kleist
publia sa *Penthésilée* et son *Robert
Guiskard*. Mais l'ouvrage qui lui
valut le plus de réputation comme
poète et qui fut en même temps le
dernier qu'il composa, ce fut *le
Prince Frédéric de Homburg*.
Nulle part plus que dans cet ouvrage on ne reconnaît toute la force
de son génie; aucune de ses autres
pièces n'est si complète et si perfec-
tionnée. D'après ce drame on pouvait concevoir de hautes espérances sur Kleist, un nouveau génie
se serait montré sur le théâtre allemand.

Frédéric second raconte dans

ses Mémoires de Brandebourg, que le grand prince électeur, après la bataille de Fehrbellin, avait dit qu'on pourrait juger sévèrement le prince de Hombourg devant un conseil militaire, mais qu'il était loin de vouloir traiter de cette manière un homme qui avait si vaillamment concouru à la victoire. Cette courte assertion, jetée comme en passant, suffit à notre poète pour construire tout un poème. Il suppose le jugement déjà prononcé et le prince condamné à mort.

La question importante de la subordination, de ce qu'elle est, et des cas où l'on peut s'y soustraire, est habilement développée par lui sous la forme d'un vaste procès dramatique. Toute l'action roule sur les sentimens qui agitent le prince, sur les circonstances elles-mêmes, sur les efforts de ses amis, et le noble caractère du grand-élec-teur, dont la générosité fait tout rentrer dans l'ordre d'un seul mot. Le prince reconnaît lui-même son tort; il se dévoue à la patrie, aux lois établies, et la libre clémence du grand-électeur, qui se fait bien-tôt jour dans son esprit, vient tout réparer. Le caractère du prince électeur est un chef-d'œuvre, et suffirait seul pour faire la réputa-tion d'un poète.

Mais nous voici arrivés à la fin de notre tâche, les bornes de cette Notice ne nous permettent pas d'entrer dans plus de détails sur les autres poésies de Kleist, et nous regrettons que de pâles analyses ne puissent donner à nos lecteurs qu'une faible idée de ses chefs-d'œuvre. Les contes dont nous donnons la traduction achèveront, au reste, de faire connaître cet homme si bien doué de la nature, et dont la carrière a été si horriblement rompue, tandis que, jeune encore, il promettait, à en juger par ses derniers ouvrages, de prendre une des premières places parmi ses contemporains.

—

MICHEL KOHLHAAS

LE MARCHAND DE CHEVAUX.

—

HISTOIRE VÉRITABLE.

MICHEL KOHLHAAS.

CHAPITRE PREMIER.

Sur les bords du Hasel vivait, au milieu du xvɪe siècle, un marchand de chevaux, nommé Michel Kohlbaas. Il était fils d'un maître d'école, et son nom rappelle encore aujourd'hui l'un des hommes les plus justes, et en même temps l'un des plus criminels de son siècle.

Cet homme extraordinaire passa jusqu'à sa trentième année pour le modèle des bons bourgeois. Il possédait, dans un petit village qui porte son nom, une ferme où il vivait paisiblement du gain de son commerce, élevant dans la crainte de Dieu et dans l'amour du travail et de la vertu les enfans que sa femme lui donnait chaque année. Il n'était pas un de ses voisins qui n'eût à se louer de sa bienfaisance ou de sa probité, et le monde eût dû bénir son nom, s'il n'avait poussé jusqu'à l'excès une de ses belles vertus. Le sentiment profond de la justice en fit un brigand et un meurtrier.

Il partit un jour de chez lui avec une troupe de chevaux, tous beaux, gras et bien nourris. En cheminant, il calculait le profit qu'il comptait retirer de son marché, et l'usage qu'il

en ferait; une barrière, placée au travers de la route, et qu'il n'avait encore jamais vue, vint le tirer de ses
méditations. C'était en face d'un château seigneurial de la juridiction
saxonne.

Il fut obligé de s'arrêter, quoique
la pluie tombât par torrent, et il appela le gardien, qui montra bientôt à
la fenêtre un visage rébarbatif.

Le marchand le pria de vouloir
bien venir lui ouvrir.

« Qu'y a-t-il de nouveau ici ? » demanda-t-il au gardien, qui sortit de
la maison après un assez long délai.

— Privilége seigneurial du gentilhomme Wenzel de Tronka, répondit
le douanier en ouvrant la barrière.

— »Quoi ! dit Kohlhaas ; et il regardait tourner la clef dans la serrure
toute neuve.

« Le vieux seigneur est-il mort?

— Oui, il est mort d'apoplexie, répondit le douanier en soulevant la barrière.

— Hé! tant-pis, reprit Kohlhaas; c'était un bien digne homme; il s'intéressait au commerce, et il aidait volontiers les marchands qui pouvaient avoir besoin de ses secours; c'est lui qui fit bâtir la chaussée qui mène au village, parce qu'une de mes jumens s'y était cassé la jambe.

» Eh bien! que dois-je payer? »

Puis il tira avec peine de dessous son manteau agité par le vent la pièce de monnaie que réclamait le douanier.

« Voilà, mon vieux »; et, jurant contre la rigueur de la saison, il ajouta :

« Il eût mieux valu pour vous et pour moi que l'arbre qui a servi à faire cette barrière fût resté dans la forêt. » En parlant ainsi, il se remit eu marche; mais à peine était-il sous la barrière, qu'une voix lui cria de la tour :

« Halte là, maquignon ! » et il vit le châtelain ouvrir une fenêtre et lui faire signe de s'arrêter.

« Qu'y a-t-il donc encore ? » se demanda-t-il à lui-même en arrêtant ses chevaux.

Le châtelain accourut, achevant de boutonner sa veste sur son large ventre, et, tout en jurant contre le froid et la pluie, il demanda à Kohlhaas son passe-port.

« Mon passe-port ! dit celui-ci, je n'en ai point. » Alors le châtelain, le regardant de travers, lui apprit qu'aucun marchand ne pouvait passer des chevaux sur la frontière sans une autorisation légale. Kohlhaas protesta qu'il avait passé dix-sept fois la frontière sans rien de semblable; qu'il

connaissait parfaitement les réglemens
du pays sur son commerce ; et que
sans doute il y avait là-dedans une
erreur à laquelle il le priait de réflé-
chir, sans l'arrêter plus long-temps,
sa course du jour devant être encore
très-longue. Mais le châtelain déclara
qu'il ne passerait point ainsi pour la
dix-huitième fois, parce que les réglemens avaient changé, et qu'il devait
livrer son passe-port, ou retourner le
chercher. Le maquignon, que cette
vexation commençait à aigrir, descendit de cheval ; après avoir réfléchi
un instant, il dit qu'il voulait parler
au seigneur de Tronka ; puis il entra au
château, suivi du châtelain, qui murmurait entre ses dents et le mesurait
d'un air de mépris.

Il se trouva que le jeune seigneur
était à boire avec quelques joyeux
amis, et qu'un rire éclatant retentissait

au milieu d'eux, lorsque Kohlhaas s'approcha pour exposer son affaire.

Les chevaliers se turent à l'arrivée de l'étranger ; mais à peine celui-ci eut-il décliné sa profession, que toute la bande s'écria : « Des chevaux ! des chevaux ! Où sont-ils ? » et chacun courut aux fenêtres ; puis, avec le consentement du seigneur, ils descendirent tous à la cour, où le domestique de Kohlhaas était entré avec les chevaux.

La pluie avait cessé ; le châtelain, l'intendant et les valets du château étaient déjà rassemblés autour de ces magnifiques animaux, et contemplaient avec admiration la crinière fournie de l'un, la queue flottante de l'autre, la douceur et la beauté de tous. L'on s'accorda à déclarer qu'il ne s'en trouvait pas de comparables dans tout le pays.

Kohlhaas répondit gaîment que le

mérite des chevaux était loin d'égaler celui des cavaliers qui devaient les monter; et il offrit à ces seigneurs de les leur vendre.

Le gentilhomme, enchanté d'un magnifique coursier bai, en demanda le prix, ainsi que celui de deux chevaux noirs, dont l'intendant assurait avoir un grand besoin pour les travaux de la maison. Mais lorsque Kohlhaas déclara quelle somme il comptait en retirer, tous les chevaliers se récrièrent, et le gentilhomme lui dit qu'il pouvait aller chercher la Table ronde et visiter le roi Arthur, s'il voulait vendre ses chevaux à ce prix.

Kohlhaas, qui avait surpris des regards d'intelligence entre le châtelain et l'intendant, et qui se sentait le cœur oppressé d'un triste pressentiment, fit tous ses efforts pour conclure le marché.

« Monseigneur, dit-il, j'ai payé, il y a six mois, vingt-cinq écus d'or de ces chevaux ; si vous les voulez à trente, je vous les cède. »

Deux cavaliers qui étaient près du gentilhomme l'assurèrent que les chevaux valaient bien cela ; mais comme il n'avait nulle envie de débourser tant d'argent, il éluda le marché, et Kohlhaas, ayant dit qu'il espérait avoir plus de succès à son prochain voyage, salua les chevaliers, et prit les rênes de ses chevaux pour s'éloigner. Mais le châtelain, sortant de la foule et arrêtant le maquignon, lui dit avec rudesse qu'il savait bien qu'il ne pouvait passer sans passe-port.

Kohlhaas se tourna vers le gentilhomme, et lui demanda s'il était vrai qu'il voulût par un acte si arbitraire mettre un obstacle à son commerce.

« Oui, Kohlhaas, répondit celui-ci d'un air incertain, tu dois livrer ton passe-port ; parle au châtelain, puis continue ta route. »

Kohlhaas expliqua alors qu'il n'avait point voulu se mettre en contravention avec le nouveau réglement qu'il ne connaissait pas, et il pria le seigneur de Tronka de vouloir bien le laisser passer en faveur de son ignorance, lui promettant de demander un passe-port à la chancellerie de Dresde, et de le livrer à son retour.

« Eh bien, dit le gentilhomme, pénétré du froid piquant de l'orage qui recommençait à gronder, qu'on laisse passer ce drôle. Venez, » dit-il aux chevaliers ; et il fit un pas pour rentrer au château.

Mais le châtelain l'arrêtant, lui fit observer que cet homme devrait au moins laisser un gage, une sûreté jus-

qu'à la délivrance de son passe-port,
et l'intendant murmura dans sa barbe
qu'il fallait garder comme otages les
deux chevaux noirs.

« Assurément, dit le châtelain,
c'est le plus simple moyen, et une
fois qu'il aura livré son passe-port, il
pourra les reprendre. »

Kohlhaas chercha à en rappeler
d'une décision si rigoureuse; il dit au
gentilhomme, dont tous les membres
débiles tremblaient de froid, qu'il le
frustrait ainsi de la vente de deux
chevaux. Mais un violent coup de
vent ayant jeté une bouffée de pluie
et de grêle contre la porte du château, le gentilhomme, pour en finir,
dit au marchand que s'il ne voulait
laisser ses chevaux il ne passerait
point la barrière, et il rentra.

Michel Kohlhaas, voyant bien qu'il
n'y avait pas d'autre parti à prendre,

se décida à céder à la force. Détélant les deux beaux coursiers noirs, il les conduisit dans une écurie que lui indiqua le châtelain, puis remettant de l'argent à son domestique, il lui ordonna de rester pour garder les chevaux, et d'en avoir le plus grand soin jusqu'à son retour.

Il continua son chemin avec le reste de sa troupe vers Leipzig, où il voulait arriver pour la messe, de plus en plus incrédule à l'égard du nouveau réglement sur l'entrée des chevaux en Saxe.

Arrivé à Dresde, où il possédait une maison et des écuries, parce que c'était ordinairement de là qu'il se rendait dans les grands marchés, il courut à la chancellerie, et il apprit des conseillers, qu'il connaissait presque tous, ce que son propre jugement lui avait déjà fait deviner, que toute cette

histoire n'était qu'un tissu de fausse-
tés. Sur sa demande, ils lui donnèrent
un acte qui prouvait la nullité du
prétendu réglement.

Le bon marchand riait en lui-
même de la plaisanterie du petit gentilhomme dont il ne pouvait comprendre le but. Au bout de deux
semaines, ayant vendu à sa satisfaction tous ses chevaux, il reprit la
route de Tronkenbourg, sans autre
sentiment d'amertume que celui
qu'inspirent à tout homme les misè-
res communes de la vie.

Le châtelain, auquel il remit l'attes-
tation, ne fit aucune remarque; il
répondit seulement à la réclamation
que Kohlhaas faisait de ses chevaux,
qu'il pouvait entrer pour les prendre.

A peine dans la cour, le pauvre
Kohlhaas eut le chagrin d'apprendre
que son domestique avait été chassé

de Tronkenbourg pour ses impertinences; mais le jeune homme qui lui donnait cette nouvelle ne sut point lui dire ce qui avait causé cet événement, ni par qui les chevaux avaient été soignés depuis. Ouvrant une écurie, il y fit entrer Kohlhaas, dont le cœur était plein d'une vague inquiétude.

Quelle fut la surprise du marchand, lorsqu'au lieu de ses deux coursiers, gras, beaux et fringans, il ne vit qu'une couple de haridelles maigres, exténuées, dont les os pouvaient se compter, et dont les crinières embrouillées et malpropres tombaient en désordre ! Vrai tableau de la plus affreuse misère ! Le cœur du sensible Kohlhaas fut pénétré de douleur à cette vue, et il se brisa lorsqu'il entendit ces pauvres animaux hennir faiblement à son approche.

« Qu'est-il donc arrivé à ces malheureuses bêtes ? » demanda-t-il au jeune homme qui était resté près de lui.

Celui-ci l'assura qu'il ne leur était advenu aucun mal, qu'ils avaient été bien nourris et bien soignés, mais que, vu la grande abondance de la récolte et le manque de bêtes de somme, on les avait fait un peu travailler à la rentrée de la moisson.

Kohlhaas jura contre cet acte inoui de barbarie ; cependant, réprimant la vivacité de sa colère, il fit mine de vouloir quitter aussitôt ce repaire de brigands, lorsque le châtelain, attiré par cette conversation, s'approcha, et demanda de quoi il s'agissait.

« De quoi il s'agit ! repartit Kohlhaas vivement ; qui est-ce qui a permis au gentilhomme de Tronka et à ses gens

I.   2

de se servir de mes chevaux pour les
travaux de la terre? Y a-t-il de la
justice à les avoir réduits en cet état,
ajouta-t-il, en donnant un coup de
fouet aux bêtes, qui furent trop faibles
pour se lever.

—Voyez donc ce manant, répondit
le châtelain en le regardant avec hau-
teur : comme s'il ne devrait pas plutôt remercier le ciel de ce que ses
rosses vivent encore, de ce que l'on
a bien voulu en prendre soin depuis
que son domestique est parti, et leur
fournir une partie de la paille qu'elles
ont aidé à recueillir. » Puis il jura que
s'il répliquait un seul mot, il appelle-
rait les chiens qui le forceraient bien
à le laisser en repos.

Le maquignon fit violence à son
cœur, qui lui criait de rouler dans la
boue ce gros ventre, et de donner du
pied dans ce visage de cuivre; sou

sentiment de la justice, qui ressemblait à un trébuchet, l'emporta sur sa
colère.

Il n'était pas encore bien certain
au fond du cœur que son adversaire
fût dans son tort; écoutant sans mot
dire ses paroles offensantes, il rentra
dans l'écurie, et considérant tristement ces pauvres bêtes, il demanda
d'une voix basse pourquoi son domestique avait été renvoyé.

« Parce qu'il a été un impertinent,
et qu'il a voulu s'opposer à un chan-
gement d'écurie devenu nécessaire
par l'arrivée de deux cavaliers à Tronkenbourg. »

Kohlhaas aurait donné la valeur de
ses chevaux pour avoir là son domestique, et pouvoir opposer son récit à
celui de l'énorme châtelain.

Il réfléchissait à ce qu'il y avait à
faire dans sa triste situation, lorsque

la scène changea tout-à-coup. Le gentilhomme de Tronka, revenant de la
chasse s'élança, dans la cour avec une
suite nombreuse de cavaliers, de valets et de chiens. Il demanda qui était
cet homme et ce qu'il voulait; et le
châtelain, prenant la parole au milieu
des aboiemens répétés de la meute
contre l'étranger, raconta de la manière la plus méprisante que c'était
Michel Kohlhaas le maquignon qui
ne voulait pas reconnaître ses bêtes,
et se mettait en rébellion parce
qu'elles avaient un peu servi.

« Non, s'écria Kohlhaas, ce ne sont
point là les chevaux qui valaient
trente écus d'or; je veux avoir mes
chevaux gras et bien portans, tels que
je les ai laissés! »

Le gentilhomme, dont le visage s'é-
tait couvert d'une pâleur momen-
tanée, descendit de cheval.

« Si le chien ne veut pas reprendre ses bêtes, dit-il froidement, qu'il les laisse. Venez, Gunther, ajouta-t-il, venez, Hans; qu'on nous apporte du vin ! » Et il entra au château avec les chevaliers ses amis.

Michel Kohlhaas dit qu'il préférait appeler l'écorcheur ou laisser mourir de faim ces pauvres bêtes, plutôt que de les emmener à Kohlhaasenbruck; et remontant sur son coursier, il partit en déclarant qu'il saurait se faire rendre justice.

Il reprenait à toute bride la route de Dresde, lorsque, réfléchissant à la plainte que l'on portait au château contre son domestique, il changea de direction et se rendit à sa ferme de Kohlhaasenbruck, pour y entendre, comme cela lui semblait juste et raisonnable, la déposition de cet homme.

Un sentiment déjà connu pour l'or-

dre et la justice dans toutes les choses de ce monde, faisait qu'il aurait
regardé la perte de ses chevaux et
toutes les offenses qu'il venait de recevoir, comme la suite naturelle de
la faute que le châtelain reprochait à
son domestique; d'un autre côté, un
sentiment aussi fort, et qui jetait de
nouvelles racines à mesure qu'il
cheminait, et qu'il entendait, partout
où il s'arrêtait, raconter des actes de
violence exercés contre tous les voyageurs à Tronkenbourg, lui faisait en-
visager comme un devoir, si tout cet
événement n'était, ainsi qu'il le paraissait, qu'une escroquerie concer-
tée d'avance, de demander satisfaction
de cette injure, non-seulement pour
son propre repos, mais pour la sûreté
future de tous ses concitoyens.

Arrivé à Kohlhaasenbruck, dès
qu'il eut embrassé Lisbeth, sa femme

chérie, et ses enfans qui sautaient autour de lui, il s'informa de Herse, le maître valet.

« Il est ici, répondit Lisbeth; ce pauvre infortuné est revenu, il y a environ quinze jours, dans l'état le plus pitoyable et pouvant à peine se soutenir. Nous le fîmes mettre au lit, où il cracha beaucoup de sang; il répondit à nos nombreuses questions par une histoire que personne ne pouvait comprendre. Il prétendait avoir été laissé par toi à Tronkenbourg, d'où il avait été forcé, par des traitemens inouis, de fuir sans pouvoir prendre avec lui les chevaux confiés à ses soins.

— Hem! dit Kohlhaas, en posant son manteau, est-il guéri maintenant?

—Oui, Michel, il est guéri du crachement de sang. Je voulus envoyer aussitôt un autre valet à Tronkenbourg pour le remplacer auprès des chevaux, car ce pauvre Herse s'est toujours montré si vrai et si fidèle que je n'ai pas douté un seul instant de la sincérité de son récit; mais il me conjura de n'envoyer personne dans ce nid de brigands, et d'abandonner les bêtes à leur destin plutôt que de leur sacrifier un homme.

— Garde-t-il encore le lit? demanda Kohlhaas en se débarrassant de sa cravatte.

— Non, il peut se promener dans le jardin depuis quelques jours. Tu verras, mon cher Michel, qu'il est pleinement dans son droit, et qu'il a été victime d'une des plus horribles violences que l'on se soit encore permises à Tronkenbourg contre les étrangers.

— C'est ce que je veux examiner; appelle-le, Lisbeth. »

En parlant ainsi, Kohlhaas s'assit gravement dans un fauteuil, et la bonne femme, toute joyeuse de le voir si modéré, courut chercher le domestique.

« Qu'as-tu fait à Tronkenbourg? demanda Michel à celui-ci au moment où il entrait suivi de Lisbeth; je ne suis point content de toi. »

Le domestique, dont le visage pâle se couvrit d'une vive rougeur, se tut quelques instans, puis il dit :

« Vous avez raison, mon maître, car ; touché par les cris d'un enfant, j'ai jeté dans l'Elbe la mèche soufrée que j'avais prise, par une inspiration du ciel, pour mettre le feu à cette caverne de voleurs dont j'étais chassé.

— Mais pourquoi as-tu été chassé de Tronkenbourg?

— Par la plus horrible violence, mon maître; » et il essuya la sueur qui coulait de son front : « parce que je ne voulais pas consentir à ce que l'on fît travailler vos chevaux, et que je dis qu'ils étaient trop jeunes et n'avaient point été accoutumés à cela.... »

Ici Kohlhaas l'interrompit et lui fit observer, en cherchant à cacher son trouble, qu'il n'avait pas dit toute la vérité, puisqu'il savait bien que les chevaux avaient été attelés quelquefois au commencement du dernier printemps.

« Tu aurais dû, ajouta-t-il, te montrer plus complaisant au château dont tu étais l'hôte en quelque sorte, et consentir à aider à la rentrée de la moisson.

— Et c'est aussi ce que j'ai fait, mon maître. Je pensais qu'après tout cela ne tuerait pas les chevaux, et le troisième jour ils rentrèrent trois chars de blé.

« — Ils ne m'ont pas parlé de cela, Herse, » s'écria Michel, dont le cœur se gonflait d'indignation ; et il baissa les yeux vers la terre.

Herse l'assura que les choses s'étaient bien passées ainsi. « Mon manque de complaisance, ajouta-t-il, consiste à n'avoir pas voulu suivre le conseil du châtelain et de l'intendant, qui me disaient de nourrir les chevaux avec le maigre foin de la commune, et de garder pour moi l'argent que vous m'aviez remis ; ce à quoi je répondis en leur tournant le dos.

— Mais tu n'as donc pas été chassé ?

— Plût à Dieu ! s'écria Herse, ce serait un crime de moins contre le ciel. Sur le soir du même jour, les chevaux de deux jeunes cavaliers qui venaient d'arriver à Tronkenbourg furent amenés dans l'écurie ; on en fit

sortir les miens, et comme je deman-
dais au châtelain où je devais les lo-
ger, il m'indiqua une étable à cochons,
formée de quelques planches soute-
nues par des pieux, et adossées au
mur du château.

— Peut-être n'en avait-elle que
l'apparence, Herse, et n'était-ce point
une étable à cochons.

— Je vous demande pardon, mon
maître, c'en était une véritable, et
les pourceaux y étaient encore au milieu de l'ordure la plus fétide.

— Mais sans doute il n'y avait pas
d'autre place pour abriter les chevaux, et ceux des cavaliers avaient
en effet quelque droit à être les mieux
servis.

— La place était rare, il est vrai,
reprit le domestique d'une voix éteinte;
il y avait alors au château sept cavaliers avec leurs chevaux. Cependant si

vous eussiez été là, vous les auriez bien tous fait entrer dans l'écurie. Je dis que je voulais aller chercher une écurie dans le village, mais le châtelain prétendit que les chevaux ne devaient pas sortir du château.

— Hem, que répondis-tu à cela ?

— Comme l'intendant m'assura que les chevaliers n'étaient venus que pour la nuit, ce qui était faux, car j'appris le lendemain qu'ils devaient rester plusieurs semaines, je m'établis dans l'étable.

— Et! tu ne la trouvas pas si mauvaise que tu l'avais d'abord supposé?

— Non, parce que j'eus soin de la nettoyer et de donner quelqu'argent à la fille de basse-cour pour l'engager à mettre ailleurs ses cochons. Pour que les chevaux pussent se tenir debout pendant le jour, j'ôtais les planches qui leur servaient de couvert la nuit;

c'était une pitié que de voir ces pauvres bêtes alonger le col au-dessus des pieux, et ouvrir les naseaux avec inquiétude, comme si elles soupiraient après leur écurie de Kohlhaasenbruck.

— Mais alors, Herse, pourquoi as-tu été chassé ?

— Parce qu'il était impossible de compléter la ruine des chevaux tant que je restais là. Un jour que je les menais boire, le châtelain, l'intendant, les valets, se précipitèrent comme des possédés à ma poursuite, et lorsque je demandai à cette troupe furieuse ce qu'elle me voulait, le châtelain saisit la bride des chevaux, et me demanda où j'allais les conduire?

« A l'abreuvoir, répliquai-je.

» A l'abreuvoir! coquin; je veux t'apprendre à t'aller abreuver sur la route de Kohlhaasenbruck, » et me ti-

rant par la jambe, il me fit tomber
de cheval tout étendu dans la boue.
« Mort et tonnerre! m'écriai-je, comment pouvez-vous me soupçonner?
N'ai-je pas laissé dans l'écurie les
selles des chevaux et toutes mes har-
des?» Tandis que le châtelain faisait
rentrer mes chevaux, les domestiques
se mirent à me battre à coup de fouets
et de bâtons, jusqu'à ce que je tom-
basse presque mort devant la porte.

« Chiens de voleurs, que voulez-
vous faire de mes chevaux?» m'écriai-
je en me relevant. Mais, pour toute
réponse, le châtelain détachant les
chiens de chasse, les excita contre
moi; j'arrachai une branche d'arbre
pour me défendre, et j'en étendis
trois morts à mes côtés; alors un
coup de sifflet rappela les autres
dans la cour, la porte se ferma, et je

tombai privé de sentiment sur la grande route.

« — N'avais-tu point l'intention de t'échapper, Herse ? » dit Kohlhaas, pâle, tremblant, en lui lançant un regard scrutateur; et comme le domestique, au lieu de répondre, regardait à terre, tandis que son visage se couvrait d'une ardente rougeur :

« Avoue-le-moi, ajouta son maître, tu n'aimais pas à être dans cette étable à cochons, et tu pensais que tu serais mieux dans l'écurie de Kohlhaasenbruck?

— Ciel et tonnerre! s'écria Herse, n'avais-je pas laissé dans l'étable mon linge et les harnais des chevaux? Si j'avais eu l'intention de fuir, n'aurais-je pas pris sur moi trois écus d'or qui sont restés dans un mouchoir derrière la créche! Enfer et diable ! si

vous me parlez ainsi, je saurai retrouver une mèche soufrée.

— Paix, paix, dit le marchand, je
n'ai pas voulu t'offenser; je crois mot
pour mot tout ce que tu viens de me
dire, et je jurerais de la vérité de ton
récit s'il le fallait. Je regrette que tu
aies tant souffert pour mon service.
Va te mettre au lit, pauvre Herse, et
fais-toi donner une bouteille de vin
pour te consoler. Je te ferai rendre justice. »

Kohlhaas écrivit la note de ce que
le domestique avait laissé dans l'étable, et le renvoya après lui avoir serré
affectueusement la main.

Il raconta ensuite à Lisbeth tous
les détails de son aventure, et lui
déclara qu'il était décidé à réclamer
la protection de la justice. Il eut le
plaisir de voir qu'elle l'y encourageait
de tout son cœur, et qu'elle était prête

à supporter toutes les dépenses d'un procès ; car, disait-elle, c'est une œuvre de miséricorde que de mettre un terme aux violences qui se commettent à Tronkenbourg. »

Michel l'appela sa courageuse femme, et passa ce jour et le suivant à se réjouir avec elle et ses enfans, puis il partit pour porter sa plainte devant les juges de Dresde.

CHAPITRE II.

Arrivé à la capitale, Kohlhaas
composa, avec l'aide d'un homme
de loi de sa connaissance, une plainte
dans laquelle il fit le récit détaillé
de la violence exercée par le gentilhomme de Tronka contre lui et
son domestique Herse, et des dommages soufferts par tous deux. La cir-

constance que les chevaux avaient été
retenus injustement au château, in-
dépendamment de toutes les autres,
semblait devoir assurer au marchand
le prompt redressement du tort qui
lui avait été fait. Pendant son séjour à
Dresde, il ne manqua point d'amis qui
lui promirent de prendre chaudement
ses intérêts. Son commerce étendu
et sa parfaite probité lui avaient gagné la bienveillance des hommes les
plus distingués du pays.

Il mangea plusieurs fois chez son
avocat, et après lui avoir remis une
somme d'argent destinée aux frais de
la procédure, il revint, entièrement
tranquille sur le succès de son affaire,
auprès de sa femme, à Kohlhaasenbruck.

Cependant des mois s'écoulèrent, et
la fin de l'année arriva, sans qu'il reçût aucune nouvelle de sa plainte,

pendante devant les tribunaux. Après avoir fait plusieurs démarches inutiles auprès de son avocat, celui-ci lui écrivit que sa plainte avait été annulée par de *puissantes insinuations*, le gentilhomme de Tronka étant allié aux seigneurs Hinz et Kunz de Tronka, dont l'un était chambellan, l'autre grand échanson de l'électeur de Saxe.

Il lui conseillait de faire chercher ses chevaux à Tronkenbourg, et de renoncer à toutes poursuites juridiques, lui donnant à entendre que le gentilhomme, qui se trouvait en ce moment à la résidence, paraissait avoir ordonné à ses gens de les lui livrer; et il terminait en le priant, dans le cas où il ne se contenterait pas ainsi, de vouloir bien lui épargner toute nouvelle intervention dans cette affaire.

Kohlhaas était depuis quelques

jours à Brandenbourg. Le commandant de la ville, Henri de Geusau,
dans l'arrondissement duquel se trouvait Kohlhaasenbruck, s'occupait à
cette époque de plusieurs établisse-
mens de charité, et entre autres il
cherchait à mettre à profit, pour le
soulagement des incurables, une
source minérale que l'on venait de
découvrir dans un village voisin. Michel Kohlhaas, qui le connaissait pour
lui avoir quelquefois vendu des chevaux, obtint de lui la permission
d'essayer l'efficacité des bains sur le
pauvre Herse, qui, depuis ses aven-
tures à Tronkenbourg, était resté affligé d'un grand mal de poitrine.

Le commandant était auprès de la
baignoire où Michel avait fait placer
Herse, lorsque le marchand reçut la
lettre de l'avocat, que sa femme lui
envoyait; il remarqua, tout en causant

avec le médecin, que Kohlhaas laissait tomber une larme sur le papier
qu'il venait de lire, et s'approchant de
lui avec bienveillance, il lui demanda
la cause de son chagrin.

Le marchand, pour toute réponse,
lui tendit la lettre ; lorsque le commandant eut appris l'horrible injustice exercée à Tronkenbourg contre
le pauvre Herse, qui devait en rester
malade toute sa vie, il frappa sur l'é-
paule de Kohlhaas, et lui dit qu'il ne
fallait point se décourager et qu'il
l'aiderait de tout son pouvoir.

Il le fit venir chez lui, lui conseilla
d'écrire un court récit de l'événement
et de l'adresser à l'électeur de Brandenbourg, en y joignant la lettre de
l'avocat ; lui promettant de les lui faire
parvenir avec d'autres papiers qu'il
avait à lui envoyer. Il assura que cette
démarche suffirait pour dévoiler les

artifices du gentilhomme de Tronka et lui faire obtenir pleine justice.

Kohlhaas, vivement réjoui, le remercia de cette preuve de bienveillance et lui dit qu'il regrettait seulement de ne s'être pas d'abord adressé à la cour de Berlin; puis étant entré dans le cabinet du commandant, il écrivit sa plainte qu'il lui laissa, et s'en retourna bien rassuré à Kohlhaassenbruck.

Il eut cependant le chagrin d'apprendre, quelques semaines après, d'un juge qui se rendait à Postdam par l'ordre du commandant, que le prince électeur avait remis son affaire entre les mains de son chancelier le comte de Kallhein, qui, au lieu de s'occuper immédiatement de la poursuite et de la punition du gentilhomme de Tronka, avait fait prendre des informations préalables auprès de la cour de Dresde.

Le juge ne put rien répondre de satisfaisant à cette question de Kohlhaas :

« Pourquoi procéder ainsi ? »

Il parut pressé de continuer sa route ; mais, par quelques mots qu'il laissa échapper, le marchand apprit que le comte de Kallheim était allié à la maison de Tronka.

Kohlhaas, qui ne trouvait plus aucun plaisir ni dans son commerce, ni dans sa ferme, ni même auprès de sa femme et de ses enfans, passa le mois suivant dans une pénible attente ; ses dernières espérances furent détruites par le retour de Herse, qui lui apportait de Brandenbourg un rescrit accompagné d'une lettre du commandant. Celui-ci marquait à Michel son chagrin de n'avoir pu rien faire pour la réussite de sa cause, et lui conseillait de faire reprendre ses chevaux à Tron-

kenbourg et d'en rester là. Il lui envoyait la déclaration de la cour à son
égard. Elle portait que le tribunal de
Dresde avait déclaré sa plainte inutile,
puisque le seigneur de Tronka ne lui
contestait nullement le droit de venir
prendre ses chevaux à Tronkenbourg,
ou de lui indiquer le lieu où il devait
les lui renvoyer. Dans tous les cas, il
était invité à ne plus importuner les
tribunaux de telles niaiseries.

Kohlhaas, qui n'avait que faire de
ses chevaux et dont le chagrin eût été
égal, s'il se fût agi d'une couple de
chiens, Kohlhaas frémit de rage à la
lecture de cet acte.

A chaque bruit qu'il entendait, il
regardait vers la porte cochère avec
la plus pénible anxiété qui eût encore
agité son cœur, craignant par-dessus
tout de voir les gens du seigneur de
Tronkenbourg venir lui offrir quelque

dédommagement pour la maigreur et la misère de ses chevaux. C'était le seul cas dans lequel il ne fût pas certain de se rendre maître du sentiment qui s'emparerait de son âme si bien formée par l'expérience de la vie.

Mais il apprit bientôt par un de ses amis qui venait de Tronkenbourg, que ses chevaux étaient employés comme tous ceux du château au labeur des champs. A cette nouvelle, qui constatait le désordre de la société, il éprouva une joie secrète de retrouver son âme en harmonie avec l'ordre et la justice.

Il fit venir chez lui le bailli, son voisin, qui désirait depuis long-temps augmenter ses possessions par l'acquisition des terres qui les entouraient, et il lui demanda ce qu'il donnerait de ses propriétés brandenbourgeoises et saxonnes, de sa maison, de sa ferme et de ses terres.

Lisbeth pâlit à ces mots, et se détournant, elle jeta sur son plus jeune enfant qui jouait derrière elle un regard où se peignit la mort.

Le bailli demanda à Michel, en le regardant avec beaucoup de surprise, pour quelle raison il se décidait tout-à-coup à une résolution si étrange.

Celui-ci répondit avec une fausse gaîté que la pensée de vendre sa ferme n'était pas nouvelle, puisqu'ils en avaient souvent parlé ensemble, qu'il ne faisait qu'y ajouter la maison de Dresde ; qu'enfin il était prêt, s'il voulait en faire l'estimation, à dresser le contrat de vente. Il ajouta avec un rire forcé, que Kohlhaasenbruck n'était pas le monde, et qu'en père prévoyant il pouvait désirer de mettre ordre à ses affaires, son âme lui disant qu'il était destiné à de grandes choses dont on entendrait bientôt parler.

Alors le bailli, posant sur la table sa canne et son chapeau qu'il avait jusque là tenus entre ses genoux, prit la feuille de papier que le marchand lui présentait, et Kohlhaas, se rapprochant de lui, lui expliqua que c'était un contrat éventuel à l'échéance de quatre semaines, qu'il n'y manquait plus que les sommes et les signatures, et il le pria de nouveau de vouloir bien lui faire une offre, ajoutant qu'il était pressé de conclure.

Lisbeth, le cœur plein de tristesse, allait et venait dans la chambre pour cacher le trouble qui l'agitait.

Le bailli ayant objecté qu'il ne pouvait estimer la maison de Dresde qu'il n'avait jamais vue, Kohlhaas dit qu'il la lui céderait pour cent écus d'or, la moitié du prix qu'elle lui avait coûté. Son voisin, après avoir relu une seconde fois le contrat, séduit par cette manière facile de stipuler et presque décidé, demanda si les chevaux entraient dans le marché.

Kohlhaas répondit que son intention était de les garder, ainsi que les armes qui se trouvaient dans le magasin.

Alors le bailli prit la plume, et après avoir renouvelé une offre qu'il avait déjà faite autrefois à Kohlhaas, il parcourut le papier, et écrivit l'engagement d'un prêt de cent écus d'or sur les hypothèques du fonds de Dresde, qu'il ne voulait point regarder comme acheté jusqu'à deux mois, pendant lesquels Kohlhaas serait le maître de le reprendre, s'il se repentait de son marché.

Le marchand, touché de ce procédé, lui serra les mains avec beaucoup de

reconnaissance; et après être conve-
nus que le quart du prix serait payé
comptant et le reste au bout de trois
mois sur la banque de Hambourg,
le marchand fît apporter du vin pour
boire au succès de sa négociation. Il
dit à la servante qui apportait la bouteille de faire seller son cheval, parce qu'il voulait aller à la ville; puis il
se mit à parler des Turcs et des Polo-
nais qui étaient alors en guerre, et en-
traîna son voisin dans mille conjectures politiques : après avoir bu encore un coup à la réussite de ses projets, le bailli se retira.

Dès qu'il eut quitté la chambre,
Lisbeth tombant aux genoux de Michel, s'écria : « Si tu me portes dans
ton cœur, ainsi que les enfans que je
t'ai donnés, si nous n'en sommes pas
déjà rejetés, pour quelque raison à

moi inconnue, dis-moi ce que signifie cette étrange résolution.

—Chère Lisbeth, dit Kohlhaas, pour ne point t'affliger, je t'ai caché la déclaration du tribunal dans laquelle il est dit que ma plainte contre le gentilhomme de Tronka n'est qu'une niaiserie. Il y a sans doute un malentendu là-dedans, et j'ai pris la détermination d'aller moi-même demander justice.

—Mais pourquoi vendre ta maison? dit Lisbeth en se relevant.

—Ma chère amie, dit Kohlhaas en la pressant tendrement contre son sein, puis-je rester dans un pays qui ne veut pas soutenir mon droit, où je suis traité comme un chien que l'on repousse du pied. Je suis certain que tu penses comme moi.

—Sais-tu si l'on ne veut pas te rendre justice, Michel? Si tu t'approchais

humblement du prince, ta supplique
à la main, qui te dit qu'il te repous-
serait sans vouloir t'entendre ?

— Eh bien, ma chère femme, si ma
crainte est sans fondement, je suis
encore à temps de reprendre ma maison. Le prince est juste, je le sais, et
si j'ai le bonheur de parvenir jusqu'à
lui, je ne doute pas d'obtenir satisfaction et de revenir dans peu de jours
auprès de toi pour ne plus te quitter.
Mais il est toujours prudent de se
préparer au pire. Je désire donc que
tu t'éloignes pour quelque temps, si
cela se peut, et que tu te rendes avec
nos enfans chez ta cousine à Schwérin.

— Quoi ! s'écria Lisbeth, je dois aller
à Schwérin sur la frontière avec mes
enfans ! » Et le saisissement l'empêcha
d'en dire davantage.

« Sans doute, reprit Kohlhaas, et dès

à présent, car la démarche que je médite ne veut aucun retard.

— Oh! je te comprends, tu n'as besoin que d'armes et de chevaux, tout le reste deviendra ce qu'il pourra ; » et à ces mots, elle se laissa tomber en pleurant sur une chaise.

« Chère Lisbeth, lui dit Kohlhaas avec tristesse, que fais-tu! Dieu m'a béni dans ma femme et dans mes enfans : devrais-je aujourd'hui pour la première fois désirer qu'il en eût été autrement ? » Puis il s'assit à côté de Lisbeth, qui, rougissant à ce reproche, se jeta toute confuse dans ses bras.

« Dis-moi, continua-t-il en jouant avec les boucles de cheveux qui tombaient sur son front, que dois-je faire ? Faut-il que j'aille à Tronkenbourg redemander mes chevaux au gentilhomme ? »

Lisbeth n'osa dire oui; elle secoua

la tête en pleurant, et s'attachant fortement à lui, elle couvrit sa poitrine d'ardens baisers.

« Si tu sens, s'écria Kohlhaas, que je dois me faire rendre justice pour continuer ensuite mon paisible commerce, accorde-moi aussi la liberté de choisir mes moyens. »

Puis, se levant, il ordonna au domestique qui venait lui dire que son cheval était sellé, de se préparer à conduire sa femme dès le lendemain à Schwérin.

« Il me vient une idée, s'écria Lisbeth en essuyant ses larmes, et en s'approchant de la table où Kohlhaas s'était mis à écrire; permets que j'aille moi-même à Berlin présenter ta supplique au prince électeur. »

Kohlhaas, vivement touché de cette marque de tendresse, la prit de nouveau dans ses bras.

« Chère amie, lui dit-il, c'est impossible : le prince est tellement entouré qu'il est très-difficile de l'approcher. »

Lisbeth lui assura qu'il était plus facile à une femme de trouver accès auprès de lui.

« Donne-moi ta supplique, ajouta-t-elle, et si tu ne demandes que de la voir entre ses mains, je te le promets, elle y parviendra. »

Kohlhaas, qui connaissait déjà le courage et la prudence de sa femme, lui demanda comment elle comptait s'y prendre. Elle répondit, en rougissant et les yeux baissés, que le castellan du château avait prétendu à sa main lors de son service à Schwérin ; qu'il s'était marié depuis ; mais qu'il ne l'avait jamais oubliée, et qu'elle était sûre de réussir, soit pour cette raison, soit pour d'autres encore qu'il serait trop long d'énumérer ici.

Kohlhaas, l'embrassant avec beaucoup de joie, dit qu'il acceptait son offre, et qu'elle n'avait qu'à se rendre au château. Le même jour, il la fit partir pour Berlin, dans une bonne calèche, avec son domestique Sternbald.

CHAPITRE III.

—

Le voyage de Lisbeth fut la plus
malheureuse de toutes les démarches
inutiles faites par Kohlbaas dans cette
affaire; car peu de jours après, Sternbald entra dans la cour de Kohlhaasenbruck, conduisant au pas la voiture
dans laquelle sa maîtresse était éten-
due, presque mourante d'une blessure

dans la poitrine. Kohlhaas apprit du fidèle Sternbald que le castellan ne s'étant pas trouvé chez lui, ils avaient été obligés de descendre dans un hôtel tout voisin du château. Le lendemain Lisbeth avait quitté la maison, lui ordonnant de garder les chevaux, et le soir elle était rentrée dans cet état. Il paraissait qu'elle avait voulu s'approcher du prince, et que, sans l'ordre de celui-ci, et par le zèle grossier d'un des gardes qui l'entouraient, elle avait reçu un coup de lance dans la poitrine. C'était ainsi du moins que les gens qui l'avaient rapportée le soir avaient expliqué les choses; car pour elle, elle n'avait pu parler, à cause du sang qui lui sortait de la bouche. Sternbald ajouta que son intention avait été de partir aussitôt à cheval pour venir lui apprendre ce malheureux accident, mais que sa maîtresse avait insisté, malgré les représentations du chirurgien, pour être ramenée sans délai.

Kohlhaas la porta sur un lit, où elle reprit ses sens pour quelques jours. Mais il chercha vainement à apprendre d'elle ce qui lui était arrivé; elle restait l'œil fixe, et la bouche close à toutes ses questions. Ce ne fut qu'un instant avant sa mort qu'elle sembla recouvrer la mémoire. Elle se tourna tout-à-coup vers le ministre luthérien, qui lisait l'Evangile à côté de son lit, et prenant la Bible de ses mains, elle se mit à la feuilleter rapidement, comme si elle y cherchait quelque chose; puis montrant à Kohlhaas le verset suivant : « Pardonne à tes ennemis; fais du bien à ceux qui te maudissent, etc., » elle lui serra la main, le regarda avec tendresse, et expira.

« Que Dieu ne me pardonne jamais si je pardonne au gentilhomme ! » pensa Kohlhaas ; puis après avoir fermé les yeux de sa femme chérie en versant un torrent de larmes amères, il sortit de la chambre.

Prenant les cent écus d'or que son voisin lui avait déjà remis sur la propriété de Dresde, il alla faire préparer pour Lisbeth une tombe aussi riche que celle d'une princesse. Le cercueil de chêne était doublé de métal, et garni de coussins de soie, ornés de galons d'or ; la fosse, de huit brassées de profondeur, fut creusée sous ses yeux, tandis qu'il se promenait à l'entour avec ses pauvres petits enfans.

Lorsque le jour de l'enterrement fut arrivé, on transporta le corps, blanc comme la neige, dans une salle tendue de noir ; le ministre prononça sur le cercueil un discours touchant ;

ensuite on le plaça sur un char, et on le porta en terre. Kohlhaas, après avoir congédié les amis qui étaient venus rendre les derniers devoirs au cadavre de Lisbeth, alla se jeter encore une fois sur ce lit vide maintenant, et prononça de nouveau le serment de la vengeance.

Rentré dans son cabinet, il écrivit un acte par lequel il sommait le gentilhomme de Tronka, en vertu de son droit naturel, de ramener en personne ses chevaux à Kohlhaasenbruck, sous le délai de trois jours, et le condamnait à les nourrir dans leur écurie jusqu'à ce qu'ils fussent redevenus aussi gras qu'ils étaient lorsqu'il les avait laissés à Tronkenbourg.

Il envoya ce billet; et les trois jours s'étant écoulés sans qu'il eût reçu aucun message de Tronkenbourg, il appela Herse, lui dit ce qu'il avait écrit au seigneur, et lui demanda s'il voulait l'accompagner au château, pour enseigner au gentilhomme à s'acquitter de son devoir.

Herse le comprit aussitôt, et jetant son bonnet en l'air, il s'écria : « Partons, mon maître, partons aujourd'hui même. »

Kohlhaas ayant terminé la vente de sa ferme et fait partir ses enfans pour la frontière, appela le reste de ses domestiques qui étaient au nombre de sept, tous d'une fidélité éprouvée ; il les arma, et sur le soir il partit à leur tête pour Tronkenbourg.

Au commencement de la troisième nuit ils pénétrèrent dans la cour, et après avoir mis le feu aux dépendances du château, Herse se précipita dans la tour, et tomba à l'improviste sur le châtelain et sur l'intendant qui, à moitié déshabillés, étaient établis autour d'une table de jeu.

Le gentilhomme Wenzel de Tronka, qui était précisément à rire avec ses jeunes amis de la sommation que lui avait envoyée le marchand, n'entendit pas plutôt résonner sa voix, qu'effrayé comme si l'ange de la justice fût descendu du ciel, il pâlit, et se levant, il s'enfuit en criant à ses amis : « Sauvez-vous ! »

Kohlhaas, repoussant tous ceux qui voulaient s'opposer à son passage, entra en demandant le gentilhomme, et voyant que l'on cherchait à lui cacher une porte qui conduisait dans une autre aile du château, il s'y précipita.

Après avoir parcouru tout le bâtiment sans trouver le gentilhomme, Kohlhaas courut dans la cour. Le feu avait gagné, et le château se trouvait

entouré d'une épaisse fumée et de
flammes ardentes s'élevant jusqu'aux
nues. Sternbald, aidé de trois valets,
venait de jeter par la fenêtre les cada-
vres ensanglantés du châtelain et de
l'intendant, aux cris de triomphe de
Herse et aux plaintes confuses des
femmes et des enfans de ces misérables.

Un jeune garçon de Tronkenbourg,
voyant le feu prêt à atteindre les écuries, se hâtait d'y courir pour en faire
sortir les chevaux du gentilhomme,
lorsque Kohlhaas, se mettant sur son
chemin, lui arracha la clef qu'il jeta
par-dessus les murs, et le força, aux
acclamations et à la risée de tous ses
domestiques, de sauver les deux haridelles dont le couvert était déjà la
proie des flammes. Le jeune homme,
se retirant avec peine des ruines fu-
mantes, présenta les bêtes à Kohlhaas,

qui, le repoussant avec un violent coup de pied, alla s'asseoir sans rien dire à la porte du château, où il attendit le point du jour.

Lorsqu'il parut, le château n'offrait plus que des ruines, et personne ne s'y trouvait que Kohlhaas et ses sept domestiques.

Le marchand, accablé de tristesse, alla chercher dans les environs quelques renseignemens sur le gentilhomme. Il revint plus calme, ayant appris qu'il y avait non loin de Tronkenbourg un couvent de femmes nommé Erlabrunn, sur les bords du Mulde, dont l'abbesse, Antonie de Tronka, était connue dans tout le pays pour une sainte. Il lui parut très-vraisemblable que le gentilhomme s'y était réfugié.

Montant à l'appartement du châtelain (la tour n'avait point souffert de l'incendie), il y écrivit un mandat où il sommait tout parent ou ami qui aurait caché le gentilhomme Wenzel de Tronka de le lui livrer sous peine de mort et de pillage. Il répandit aussitôt cette déclaration dans le pays, puis il en remit une copie à l'un de ses domestiques nommé Waldmann, pour qu'il la portât à dame Antonie.

Il prit à son service quelques-uns des hommes de Tronkenbourg qui avaient à se plaindre de leur maître, les arma, comme fantassins, de poignards et d'arbalètes, et les exerça à marcher derrière les cavaliers. Après leur avoir distribué de l'argent, il s'assit sur les ruines du château pour se reposer un instant de ses douloureuses fatigues.

Vers midi, Herse vint lui confirmer ce que son cœur lui avait fait pressentir, savoir, que le gentilhomme avait

trouvé un asile à Erlabrunn chez sa
tante la vieille dame Antonie.

Il paraissait qu'il avait fui du château par un escalier secret conduisant
jusqu'au bord de l'Elbe.

Kohlhaas soupira à ce récit ; sa
troupe s'étant mise en marche, arriva
avant trois heures à Erlabrunn, armée
de flambeaux pour mettre le feu au
couvent.

Un sombre orage murmurait dans
le lointain.

Waldmann, qui vint à la rencontre
de son maître, lui ayant dit qu'il avait
remis le mandat à l'abbesse, Kohlhaas
ordonna à ses gens de sonner la clo-
che du couvent ; alors l'abbesse portant un crucifix d'argent, descendit la
rampe, suivie de toutes ses nonnes, et
vint se jeter aux pieds du cheval du
maquignon.

Celui-ci demanda durement où était caché le gentilhomme.

« Il est à Wittemberg, honnête Kohlhaas, » répondit-elle d'une voix tremblante.

Kohlhaas, retombant dans la torture d'une vengeance non accomplie, allait ordonner à sa troupe d'avancer et de mettre le feu, lorsque la foudre, tonnant avec violence, vint arrêter sa voix.

« N'avez-vous pas reçu mon mandat? demanda-t-il à l'abbesse.

—Oui, répondit la dame d'une voix presqu'inintelligible, à présent même, trois heures après le départ de mon neveu : aussi vrai que Dieu existe. »

Waldmann répondit au sombre regard de son maître que c'était la pure vérité, les mauvais chemins l'ayant empêché d'arriver plus tôt.

Une effroyable averse vint en ce

moment éteindre les mèches destruc-
tives, et Kohlhaas sentit en même
temps se calmer dans son triste cœur
toute colère contre de pauvres femmes. Saluant dame Antonie, il
tourna le dos au couvent en s'écriant :
« Suivez-moi, mes frères, le gentilhomme est à Wittemberg ; » et donnant
de l'éperon, ils furent bientôt à une
grande distance.

Au point du jour, ils entrèrent dans
une auberge sur la grande route, où, vu
la fatigue des chevaux, il fallait s'arrêter
quelques heures. Kohlhaas réfléchissant qu'il lui serait impossible d'atta-
quer avec dix hommes une place
comme Wittemberg, écrivit un second
mandat dans lequel, après un court
récit de tout ce qui lui était arrivé
dans le pays, il invitait tout bon chré-
tien, sous la promesse d'une paie et
d'un riche butin, à prendre parti dans

sa guerre contre le gentilhomme de Tronka.

Le fanatisme et le mécontentement autant que l'attrait du gain lui attirèrent bientôt une bande de misérables que la paix avec la Pologne avait laissés sans ressources, en sorte qu'il se trouvait à la tête de trente hommes lorsqu'il arriva sur la rive droite de l'Elbe dans l'intention de réduire en cendres la ville de Wittemberg.

Il se retira avec sa troupe sous un vieux hangar ruiné dans la solitude d'une sombre forêt, et lorsqu'il eut appris par un de ses hommes, qu'il avait envoyé déguisé à la ville, que son mandat y était déjà connu, il partit avec ses gens pour mettre le feu aux faubourgs, pendant que les habitans de Wittemberg étaient encore livrés au sommeil.

Tandis que ses soldats, profitant du

trouble que causait l'incendie, se livraient au pillage, il placarda contre
la porte d'une église une déclaration
contenant que lui Kohlhaas avait al-
lumé l'incendie, et que si on ne lui
livrait aussitôt le gentilhomme, il le
propagerait dans toute la ville jusqu'à
ce qu'il n'y restât pas une muraille
derrière laquelle il pût se cacher.

L'effroi des habitans fut inexpri-
mable. Le feu, qui dans une courte
nuit d'été n'avait heureusement brûlé
que dix-neuf maisons, dans le nombre
desquelles était une église, ne fut pas
plutôt éteint, que le vieux préfet Otto
de Gorgas envoya un bataillon de
cinquante hommes à la poursuite de
l'incendiaire.

Mais le chef de ce bataillon, nommé
Gerstenberg prit si mal ses mesures,
que l'expédition de Kohlhaas, loin d'en

être arrêtée, en acquit une plus grande gloire.

Ce premier, divisant ses forces comme il le pensait pour cerner Kohlhaas et le faire prisonnier, fut lui-même cerné et battu, de telle sorte que le soir du jour suivant il ne restait pas un seul des hommes auxquels la ville avait confié sa défense.

Kohlhaas mit de nouveau le feu aux faubourgs, qui cette fois furent réduits en cendres, puis il afficha encore son mandat jusque sur l'hôtel-de-ville, y ajoutant le récit du sort que venait d'éprouver le capitaine de Gerstenberg.

Le préfet, indigné de l'audace de cet homme, se mit lui-même avec plusieurs cavaliers à la tête de deux cents hommes, et, après avoir donné au gentilhomme une garde qui devait le préserver de la fureur du peuple, jusqu'à ce que l'on pût le faire évader, il sortit le jour de Saint-Gervais pour repousser la fureur de l'hydre menaçante qui désolait le pays.

Mais le maquignon fut assez prudent pour éviter une rencontre; il fit semblant de fuir, jusqu'à ce qu'il eût attiré le préfet à quelques milles de la ville, faisant courir le bruit qu'il se jetait sur le Brandenbourg; puis, se retournant subitement, il revint en toute hâte à Wittemberg, et y mit le feu pour la troisième fois.

L'incendie, poussé par le vent du nord, se propagea avec une inconcevable rapidité; en moins de trois heures, quarante-trois maisons, deux églises, plusieurs couvens, des écoles et la préfecture furent réduits en cendres.

Le préfet, apprenant le piége dans lequel il était tombé, retourna au point du jour à marche forcée sur la ville, qu'il trouva dans le plus grand désordre.

Le peuple, armé de poutres et de haches, rassemblé devant l'habitation du gentilhomme, demandait avec des cris de rage qu'on le fît sortir de la ville.

Les bourgmaistres, en habits de cérémonie, à la tête de toute la magistrature, s'étaient transportés sur la place, et cherchaient vainement à obtenir que l'on attendît tranquillement le retour d'un messager qu'ils avaient envoyé à Dresde pour y demander les ordres de la cour à l'égard du gentilhomme. La populace furieuse, ne tenant nul compte de leurs discours, allait suivre le conseil des plus violens, qui était d'assiéger et de démolir la maison qui renfermait le gentilhomme, lorsqu'Otto de Gorgas rentra à la tête de sa troupe.

Ce digne homme, dont le seul aspect inspirait toujours au peuple la confiance et le respect, réussit à le calmer en lui montrant deux des complices de Kohlhaas, qu'il ramenait chargés de chaînes, et en lui faisant espérer de tenir bientôt leur chef entre ses mains.

Ensuite il pénétra dans l'appartement du gentilhomme, qu'il trouva tombant d'évanouissement en évanouissement entre les bras de deux médecins qui le rappelaient à la vie avec des essences et des cordiaux. Sentant bien que ce n'était pas le moment de lui faire des reproches, il se contenta de jeter sur lui un regard de mépris, en lui disant de s'habiller et de le suivre pour sa sûreté dans le palais de justice.

Lorsqu'on eut revêtu le gentilhomme d'un pourpoint et d'un casque, en ayant soin de laisser sa poitrine découverte, à cause des fréquens étouffemens dont il était saisi, il parut dans la rue, appuyé sur le bras du comte de Gerschau, son beau-frère. Le peuple, contenu avec peine par les gens d'armes, l'accabla de mille imprécations, il le nomma le fléau du pays, la malédiction de la ville de Wittemberg, et le malheur de la Saxe.

Cependant, après un trajet pénible au milieu des décombres de l'incendie, il atteignit sans accident le palais de justice, où il fut enfermé dans une tour occupée par une forte garde.

Le retour du messager avec la résolution de la cour vint mettre le préfet dans un nouvel embarras; la bourgeoisie de Dresde ayant adressé à celle-ci une pressante supplique, elle ne voulait aucunement recevoir le gentilhomme, de crainte d'attirer dans la capitale la guerre et l'incendie. Elle ordonnait au préfet de le laisser où il était, l'avertissant qu'elle allait envoyer contre Kohlhaas, pour venger la bonne ville de Wittemberg, une troupe de cinq cents hommes, sous le commandement du prince Frédéric de Meissen.

Le préfet vit bien que cette résolution n'était pas de nature à contenter le peuple; car la guerre que le maquignon faisait dans les ténèbres, avec la poix, la paille et l'allumette, aurait rendu vaine une force plus considérable que celle du prince de Meissen. Il se décida à cacher la résolution de la cour, et se contenta de faire publier la croisade du prince contre Kohlhaas.

Le lendemain au point du jour une voiture fermée sortit du palais de justice, accompagnée de quatre cava-

liers bien armés, qui prirent la route
de Leipzig, et le bruit se répandit
qu'ils conduisaient le gentilhomme à
Pleissembourg. Le peuple, satisfait à
son égard, se réunit en foule à la
troupe du prince de Meissen.

Cependant Kohlhaas se trouvait
dans la plus étrange situation, à la
tête d'une centaine d'hommes, me-
nacé d'un côté par le préfet, de l'autre par le prince.

Sa troupe étant bien armée et d'une
vaillance éprouvée, il se décida à
marcher courageusement au-devant
de ce double orage. Le soir du même
jour, il attaqua le prince de Meissen
dans une rencontre nocturne à Muhlberg, où il eut le chagrin de voir tomber le fidèle Herse, qui combattait à
ses côtés. Aigri par cette perte, Kohlhaas redoubla de vaillance, et au bout
de trois heures de combat, le prince

était hors d'état de rallier sa troupe,
soit à cause du désordre qui y rè-
gnait, soit à cause de ses blessures.

Après cette première action, Kohlhaas se retourna sur le préfet, qu'il
attaqua en plein jour et en rase campagne. La perte fut égale des deux
côtés; mais il est probable que le préfet eût été défait s'il n'eût profité de
la nuit pour retourner à Wittemberg
avec le reste de sa troupe.

Cinq jours après, Kohlhaas était
devant Leipzig, mettant le feu à trois
points de la ville. Il se nommait, dans
le mandat qu'il répandit en cette occasion, un représentant de l'archange
Michel, qui était venu, armé du glaive
de la justice, livrer une guerre à feu
et à sang à l'injustice et à la fausseté
des hommes. Du château de Lutzen,
dont il s'était emparé, il appelait le
peuple à se joindre à lui pour réfor-

mer le monde, et cette feuille était si-
gnée avec une sorte d'égarement : « Du
siége de notre gouvernement provi-
soire, le château de Lutzen. » Le bonheur des habitans voulut qu'une pluie
abondante vînt déjouer les projets de
l'incendiaire, et qu'il n'y eût de brûlé
qu'une boutique voisine du château
de Pleissembourg.

L'effroi et le trouble s'emparèrent
de tous les cœurs, lorsqu'on apprit à
Leipzig que le gentilhomme devait
se trouver au château de Pleissembourg, et que l'on vit s'approcher
une bande de deux cents cavaliers en-
voyés à sa recherche.

Ce fut en vain que les magistrats
firent répandre dans les environs la
déclaration que le gentilhomme n'é-
tait point à Pleissembourg; le maquignon, dans de semblables feuilles,
soutint qu'il s'y trouvait, et que, s'il

était vrai qu'il n'y fût pas, il ne s'éloignerait que lorsqu'on lui aurait nommé le lieu de sa retraite.

Le prince de Saxe, instruit de la détresse où se trouvait sa ville de Leipzig, déclara qu'il allait marcher en personne contre Kohlhaas, à la tête de deux mille hommes. Il fit reprocher sévèrement au préfet Otto de Gorgas le perfide mensonge par lequel il avait rejeté sur Leipzig toute la fureur de l'incendiaire.

Mais il serait impossible de décrire le trouble de toute la Saxe et principalement de la résidence, lorsqu'on y eut connaissance d'une nouvelle affiche où l'on déclarait à Kohlhaas, que le gentilhomme Wenzel s'était enfui à Dresde chez ses cousins Hinz et Kunz de Tronka.

CHAPITRE IV.

Ce fut alors que le docteur Martin
Luther, voulant essayer d'user de son
influence pour ramener à l'ordre cet
homme extraordinaire, fit afficher
dans les villes et les villages de l'élec-
torat, le placard suivant, adressé à
Kohlhaas.

« Kohlhaas, toi qui te donnes comme

envoyé du ciel pour manier le glaive
de la justice, téméraire ! aveuglé
par la passion de la vengeance, tu
t'es couvert de crimes et d'injustices!
Parce que dans une affaire de peu
d'importance la cour a refusé de soutenir ton droit, tu te saisis du fer et
du feu, et, semblable au loup furieux du désert, tu te jettes avec rage
sur les paisibles contrées de ton prince!
Toi qui fais la guerre d'une manière pleine d'astuce et de perfidie,
penses-tu, pécheur, être épargné devant le tribunal de ton Dieu, quand
le jour viendra où seront examinés
les cœurs?

» Comment pourras-tu dire que la
justice te fut refusée, toi, homme haineux, qui, séduit par l'attrait de la
vengeance, t'es rebuté d'un premier
refus, afin de pouvoir te livrer à toute
ta fureur?

» Est-ce donc un banc de conseillers et d'avocats qui ont refusé
ta plainte que tu prends pour ton
maître?

» Et si je te disais, insensé, que
ton prince ne sait rien de ton affaire;
que dis-je? que le prince contre lequel tu te déclares ne connaît pas
même ton nom; que si au jour du jugement tu parais devant Dieu avec la
pensée de te plaindre de lui, il pourra
répondre : « Seigneur, je ne fis aucun mal à cet homme; son existence
me fut même étrangère ! »

» Sache donc que l'épée que tu
portes est celle du brigand et de l'as-
sassin; tu es un rebelle et non point
un serviteur de Dieu. Ce que tu méri-
tes sur la terre, c'est la roue, et dans
l'éternité, la damnation que Dieu ré-
serve aux malfaiteurs et aux impies.

» MARTIN LUTHER. »

Le soir, lorsque Sternbald et Waldmann rentrèrent au château, ils virent avec une grande surprise ce
placard affiché sur la porte cochère.
Ils n'en parlèrent point à Kohlhaas,
pensant qu'il ne tarderait pas à l'aper-
cevoir. Mais celui-ci, concentré en lui-
même et frappé d'une noire mélan-
colie, ne sortait que rarement, à la
tombée de la nuit, pour donner des
ordres rapides. Ce ne fut donc qu'au
bout de quelques jours que, sortant en
grande cerémonie pour faire exécu-
ter deux hommes qui s'étaient rendus
coupables de pillage malgré sa défense, il remarqua cette feuille et la
lut d'un bout à l'autre.

Il serait impossible d'exprimer ce
que son âme éprouva en voyant la si-
gnature de l'homme qu'il aimait et
qu'il respectait le plus au monde.
Une vive rougeur couvrit son visage,

il parut profondément touché, et se tournant vers ses domestiques, il ordonna à Waldmann de seller son cheval, et à Sternbald de le suivre au château.

Cette courte exhortation avait suffi pour le retirer de son iniquité; il dit à Sternbald qu'une affaire de la plus grande importance l'appelant à Wittemberg, il lui laissait pendant son absence, qui devait durer trois jours, le commandement du château de Lutzen et de sa troupe. Puis prenant le costume d'un paysan de la Thuringe, il partit.

Arrivé à Wittemberg, il descendit dans un hôtel où il attendit la nuit; lorsqu'elle fut venue, enveloppé de son manteau et armé de deux pistolets il se rendit chez Luther, et entra dans sa chambre sans se faire annoncer.

Celui-ci, qui était assis à une table couverte de manuscrits et plongé dans de savantes méditations, surpris de voir un homme d'une tournure étrange entrer brusquement et fermer la porte à clef, lui demanda qui il était et ce qu'il voulait. Mais Kohlhaas, tenant respectueusement son chapeau à la main, n'eut pas plutôt prononcé son nom avec le pressentiment de l'horreur qu'il allait causer, que Luther s'écria : « Sors d'ici, ton haleine est la peste, tout ton être est plein d'iniquité ! » et se levant, il courut à la sonnette.

Kohlhaas, sans reculer d'un pas et sortant l'un de ses pistolets de sa ceinture, lui dit : « Seigneur, si vous agitez la sonnette, cette arme va m'étendre mort à vos pieds. Asseyez-vous, et daignez m'écouter; vous ne sauriez être plus en sûreté parmi les anges

qui veillent sur vous, que vous ne l'ê-
tes auprès de moi.

— Kohlhaas, dit Luther en repre-
nant sa place, que me veux-tu?

— Je veux changer l'opinion que
vous avez de moi. Je veux vous prou-
ver que je ne suis point un homme
injuste. Vous m'avez dit que mon
prince ne connaissait point mon affaire; eh bien! procurez-moi un sauf-
conduit, et je vais à Dresde la lui exposer.

— Scélérat! s'écria Luther, qui
donc t'a donné le droit de poursuivre
partout le gentilhomme de Tronka,
et, parce que tu ne le trouvais point
dans son château de Tronkenbourg,
de ravager sans pitié tout le pays qui
le protége?

— Personne, digne seigneur. Une
dure réponse que je reçus de la cour
de Dresde m'a séduit et égaré. J'en

conviens, la guerre que j'ai entreprise contre la société est un crime, si, comme vous m'en avez donné l'assurance, je ne suis point rejeté par elle.

—Rejeté ! répéta Luther en le fixant avec surprise. Quelle folie s'empare de ton esprit ? Qui aurait pu te rejeter de la société ? Qui a jamais vu, en aucun cas, un homme repoussé par elle ?

— J'appelle rejeté, répondit Kohlhaas en joignant les mains, l'homme à qui les lois refusent leur protection. J'ai besoin de cette protection pour la réussite d'un commerce honnête ; c'est elle qui me permet de vivre en paix dans mon pays ; mais si elle m'est refusée, je deviens semblable au sauvage furieux, et je puis sans crime m'armer, contre la société qui rompt avec moi, de la massue qui seule peut me protéger.

— Qui t'a refusé la protection des lois ? Ne t'ai-je pas écrit que la supplique que tu as adressée au monarque lui était restée inconnue ? Si des juges, si des conseillers refusent, sans l'en informer, de rendre justice à qui elle est due, et s'ils exposent ainsi son saint nom au mépris, quel autre que Dieu a le droit de lui demander compte de son mauvais choix ? Est-ce à toi, criminel ! est-ce à toi à le condamner ?

— Eh bien ! dit Kohlhaas, s'il est vrai que le prince ne m'a point rejeté, je rentre dans la société qu'il protége. Je vous le demande encore, procurez-moi un sauf-conduit pour Dresde ; je licencie la troupe que j'ai laissée à Lutzen, et je porte de nouveau ma plainte devant le tribunal. »

Luther garda le silence quelques instans ; son visage était sévère. Il ne pouvait souffrir l'orgueilleuse position dans laquelle se plaçait cet homme extraordinaire. Il lui demanda enfin ce qu'il voulait du tribunal de Dresde.

« Punition du gentilhomme selon la loi, répondit Kohlhaas ; restitution de mes chevaux dans leur état antérieur, et remboursement des dommages soufferts par moi et par mon valet Herse, mort à Muhlberg.

— Remboursement des dommages ! s'écria Luther. Par Juifs et Chrétiens, ta propre vengeance ne t'a-t-elle pas indemnisé bien au-delà de tes dommages ?

— Dieu me préserve de demander plus qu'il n'est juste. Ma maison et ma ferme et le bien-être que je possédais, je ne les redemande point, pas davantage que le prix de la sépulture de ma femme. Mais la pauvre vieille mère de Herse doit recevoir la valeur des objets laissés à Tronkenbourg par son fils, et le dommage que j'ai éprouvé en manquant la vente de mes chevaux doit être raisonnablement estimé par la cour.

— Insensé ! homme coupable et incompréhensible ! Après que ton épée t'a vengé de la manière la plus sanglante que l'on puisse imaginer, comment oses-tu exiger la réparation d'un tort si minime ?

— Seigneur, répliqua doucement Kohlhaas, tandis qu'une larme roulait sur sa joue, il m'en a coûté ma femme ; je veux montrer au monde que ma chère Lisbeth ne se mêla point d'une chose injuste. Permettez que j'agisse selon mon désir en ceci ; en toute autre chose je me conformerai à votre volonté.

— Considère, Kohlhaas, combien il eût mieux valu t'adresser au prince avant d'agir comme un furieux ; il

t'aurait pleinement satisfait, je n'en
doute pas, et si cela n'était point arrivé, n'aurais-tu pas mieux fait encore
de pardonner au gentilhomme pour
l'amour de ton Sauveur, et de reprendre tes chevaux pour les rétablir dans
ton écurie à Kohlhaasenbruck.

—C'est possible, répondit Kohlhaas
en faisant quelques pas dans la chambre; il se peut que j'eusse fait comme
vous dites, si j'avais su que le sang
de ma femme devait couler. Mais à
présent que cette affaire m'a tant
coûté, elle doit être poussée à bout,
et le gentilhomme sera contraint à
restaurer mes chevaux. »

Après un instant de réflexion, Luther dit qu'il écrirait au prince électeur à son sujet; qu'en attendant, il
lui recommandait de se tenir tranquille à son château de Lutzen, où il
apprendrait par un nouveau placard

si le prince lui accordait une amnistie. « Cependant, ajouta-t-il, pendant que Kohlhaas s'inclinait pour lui baiser la main, il est possible que le prince te refuse cette grâce, car je sais qu'il prépare des troupes pour te surprendre à Lutzen. »

A ces mots, il se leva pour le congédier; mais Kohlhaas mettant un genou en terre dit qu'il avait encore une grâce à lui demander, c'était de vouloir bien, sans de plus longues préparations, lui accorder le bienfait de la sainte cène.

« Oui, dit Luther en lui jetant un regard scrutateur, je le veux. Tu sais que notre Seigneur, dont tu demandes le corps et le sang, pardonnait à ses ennemis, veux-tu pardonner de même au gentilhomme, reprendre tes chevaux et retourner à Kohlhaasenbruck ?

—Digne seigneur, s'écria Kohlhaas

en rougissant et en saisissant la main de
Luther, notre divin Sauveur ne par-
donna pas à t us ses ennemis. Deman-
dez-moi de pardonner au prince, au
châtelain, à l'intendant, aux seigneurs
Hinz et Kunz de Tronka, à tous ceux
enfin qui m'ont nui dans cette affaire ;
mais pour que je puisse pardonner au
gentilhomme, il faut d'abord qu'il ait
restauré mes chevaux. »

A ces mots, Luther lui tournant le
dos avec dédain tira la sonnette pour
qu'un domestique vînt éclairer Kohlhaas, et il se remit à son bureau.

Le marchand, confus et les yeux
baissés, ouvrit la porte fermée en de-
dans que le domestique cherchait
vainement à forcer.

Luther jetant un regard de côté
sur Kohlhaas dit au domestique de
l'éclairer, et celui-ci se plaçant devant

la porte entr'ouverte, attendit qu'il sortît. '

« Ainsi, mon seigneur, dit timidement Michel en faisant tourner son chapeau entre ses deux mains, vous me refusez le bienfait de la réconciliation ?

— Avec ton Dieu, oui, répondit sèchement Luther; avec ton prince, c'est une épreuve que je tenterai, comme je te l'ai promis; » puis il fit signe au domestique de reconduire aussitôt l'étranger. Kohlhaas, posant ses deux mains sur sa poitrine avec l'expression du plus amer chagrin, sortit de la chambre et disparut.

Le lendemain Luther adressa au prince électeur une lettre où, après avoir jeté un coup d'œil amer sur les seigneurs Hinz et Kunz de Tronka, qui avaient comme tout le monde, en étant instruits, rejeté la plainte du maquignon contre leur cousin, il faisait considérer au prince dont il connaissait toute la générosité, qu'il n'y avait rien de mieux à faire dans de si malheureuses circonstances, que d'accorder au maquignon une amnistie, qui lui permettrait de renouveler sa plainte devant les tribunaux.

L'électeur de Saxe reçut cette lettre en présence du prince Christiern de Meissen, généralissime du royaume, oncle du prince Frédéric, qui avait été blessé à Muhlberg; du grand chancelier du tribunal, le comte de Wrede; du comte de Kabllheim, président de la chancellerie, et des deux gentilshommes Kunz et Hinz de Tronka, le premier chambellan, le second grand échanson, les amis de jeunesse et les favoris du monarque.

Le chambellan Kunz, qui avait, en qualité de conseiller privé de la correspondance, la faculté de se servir des armes et du nom du prince, prit le premier la parole. Après avoir parlé de la plainte du maquignon, qu'il avoua n'avoir point prise en considération, la regardant comme une bagatelle de peu d'importance, il en vint à l'état actuel des choses. Il observa que ni les lois célestes, ni les lois humaines n'avaient pu permettre au maquignon de se faire droit lui-même d'une manière si horrible; il peignit d'une part l'éclat qu'une négociation avec lui jetterait sur sa tête damnée, et de l'autre l'ignominie qui en résulterait pour la personne sacrée du prince. Cela lui parut si insupportable, que dans le feu de son zèle il prétendit qu'il aimerait mieux que le désir de cet enragé rebelle fût accompli, et voir son cousin forcé à remplir le rôle de palefrenier dans l'écurie de

Kohlhaasenbruck, plutôt que de souffrir que le prince acceptât la proposition de Luther.

Le grand chancelier du tribunal comte de Wrede, se tournant à demi vers lui, exprima un vif regret qu'il n'eût pas montré dès l'origine de cette affaire cette vive sollicitude pour la gloire de son maître. Il ajouta qu'il était d'avis que le prince fît usage de son pouvoir pour réparer publiquement l'injustice commise contre le maquignon, considérant que cette seule démarche pourrait calmer le peuple et délivrer le pays des nouveaux malheurs que lui faisaient craindre les forces toujours croissantes de l'incendiaire.

Le prince de Meissen, sur l'invitation que lui fit l'électeur de donner son avis, dit en s'adressant au grand chancelier, qu'il était rempli de respect pour l'opinion qu'il venait d'énoncer; que cependant, tout en voulant accorder à Kohlhaas le droit qui lui avait été injustement refusé, il ne pensait pas que le mal fait par lui à Wittemberg, à Leipsick et en d'autres lieux encore, dût rester impuni. La paix et l'ordre établi avaient été tellement troublés par cet homme, qu'il serait bien difficile, avec quelque connaissance en droit, de pouvoir le justifier et l'absoudre. C'est pour cela, continua-t-il, qu'il se rangeait à l'opinion du chambellan : il trouvait qu'il n'y avait rien de mieux à faire qu'à marcher contre Lutzen, pour s'y saisir de Kohlhaas.

Le chambellan, prenant deux chaises pour lui et l'électeur, dit, en s'avançant dans la chambre d'un air affable, qu'il se réjouissait qu'un homme d'un si grand mérite et de

tant d'esprit se trouvât du même
sentiment que lui dans une affaire
aussi importante. Mais l'électeur, tenant la chaise qu'il lui présentait sans
s'y asseoir, l'assura qu'il n'avait aucune raison de se réjouir, parce qu'a-
vant d'employer ce moyen, il se croirait obligé de lui intenter un procès
au nom de l'État pour le mauvais
usage qu'il avait fait du pouvoir;
« car, s'écria-t-il, avant de punir
Kohlhaas, n'est-il pas de toute justice de prononcer une sentence contre celui qui a mis l'épée entre ses
mains ? »

Mais, voyant qu'il avait affligé le
chambellan, il se retira en rougissant
vers la fenêtre.

Le comte de Kalheim, après une
pause embarrassante pour les deux
parties, fit observer que l'on pourrait,
avec le même droit, faire un procès

au prince Frédéric, qui avait marché contre Kohlhaas, et que de cette manière on ne sortirait pas du cercle magique dans lequel on se trouvait.

L'échanson Hinz de Tronka, s'approchant de la table, déclara qu'il ne comprenait pas que des hommes d'une si haute sagesse se trouvassent embarrassés sur le choix d'une détermination qui semblait si simple. Le maquignon avait, à sa connaissance, promis de renvoyer sa troupe, si on lui accordait un sauf-conduit; mais il ne s'ensuivait point que l'on dût lui accorder une amnistie pour les atrocités dont il s'était chargé, deux choses que le docteur Luther ainsi que le prince ne devaient point confondre. « Si sa plainte contre le gentilhomme a été rejetée, ajouta-t-il en posant l'index sur le bout de son nez, cela n'ex-

cuse ni ses meurtes, ni ses brigandages. »

Ce sage stratagème satisfit égale-
ment tous les assistans, et il méritait
certainement l'approbation du monde
et de la postérité.

L'électeur, voyant que le prince
ainsi que le chambellan ne répon-
daient à ce discours que par un regard
d'approbation, leva la séance en disant qu'il examinerait lui-même jusqu'au prochain conseil les différentes
opinions qui venaient d'être débat-
tues.

Il paraît que la mesure prélimi-
naire dont le prince avait parlé, étant
trop cruelle à son cœur sensible à
l'amitié, lui ôta tout désir d'entreprendre l'expédition préparée contre
Kohlhaas. Il se tint, au contraire, à
l'opinion plus modérée du grand
chancellier, comte de Wrède, qui lui

fit judicieusement observer que l'armée de Kohlhaas, de quatre cents hommes, ne tarderait pas à tripler, vu le mécontentement général causé par l'injustice et la dureté du chambellan.

Se décidant à suivre le conseil de Luther, l'électeur remit toute la conduite du procès qui allait avoir lieu, entre les mains du comte de Wrède.

Peu de jours après, on vit paraître l'édit suivant :

« Moi, etc., etc., prince électeur de » Saxe, en considération de la prière » du docteur Martin Luther, j'accorde » à Michel Kohlhaas, marchand de che- » vaux du Brandebourg, un sauf-con- » duit pour Dresde, sous la condition » qu'il posera les armes d'ici à trois » jours et licenciera sa troupe. Dans le » cas où il refuserait de profiter de cette » grâce pour venir présenter sa plainte

» devant la cour, il sera poursuivi et
» puni avec toute la rigueur des lois,
» pour avoir entrepris de se venger
» lui-même; dans le cas contraire, il
» obtiendra complète amnistie pour
» lui et pour tous les complices de
» ses violences. »

Kohlhaas n'eut pas plutôt connaissance de cet édit, qu'il congédia ses
gens, donnant à chacun de l'argent et
des directions. Il laissa tout ce qu'il
avait en armes et en équipage de guerre
dans le château de Lutzen, comme
propriété de l'Etat, et après avoir remis
à Waldmann une lettre adressée à son
voisin de Kohlhaasenbruck, pour ten-
ter de racheter sa ferme, et envoyé
Sternbald à Schwérin chercher ses
enfans, qu'il voulait avoir auprès de
lui, il se rendit à Dresde, emportant,
en papier, le peu d'argent qui lui
restait.

CHAPITRE V.

Le jour commençait à paraître sur les créneaux de la ville, où tout reposait encore, lorsque Kohlhaas frappa à la porte de sa propriété dans le faubourg de Dresde.

Grâce à la complaisance de son voisin le bailli, elle luï appartenait encore.

Au bout de quelques heures il pria

le vieux Thomas, régisseur de la maison, d'aller dire au prince de Meissen que lui Kohlhaas, maquignon, était arrivé.

Le prince, se rendant aussitôt à son invitation, arriva accompagné de sa suite et d'une foule nombreuse de curieux. Car la nouvelle s'était déjà répandue que l'ange exterminateur, qui portait partout le fer et le feu, venait d'entrer dans les murs de Dresde.

Après avoir pénétré jusqu'à la chambre où Kohlhaas, à demi vêtu, était occupé à déjeûner, le prince lui demanda s'il était le marchand de chevaux.

«Oui,» dit Kohlhaas en lui présentant son porte-feuille ; et il ajouta qu'il avait congédié sa troupe, et qu'il était venu à Dresde d'après la permission du prince, pour y porter sa plainte contre le gentilhomme de Tronka.

Le prince, jetant sur lui un regard pénétrant, le considéra de la tête aux pieds, puis il parcourut les papiers contenus dans le porte-feuille, se faisant expliquer ce que signifiaient divers actes, signés du château de Lutzen ; il lui fit ensuite des questions sur ses enfans, sur sa fortune, sur le genre de vie qu'il comptait mener à l'avenir ; et s'étant assuré par toutes ses réponses que l'on n'avait plus rien à craindre de lui, il lui rendit son porte-feuille, et lui dit que son procès commencerait dès qu'il aurait parlé au grand chancelier du tribunal, le comte de Wrède. « Pour le moment, ajouta-t-il en s'approchant de la fenêtre, et en regardant la foule qui s'était assemblée devant la maison, je vais te laisser une garde ; tu en as besoin pour ta sûreté ici, aussi bien que pour t'accompagner lorsque tu sortiras.

— Mais, dit Kohlhaas d'un air incertain, me donnez-vous votre parole de la supprimer dès que j'en exprimerai le désir ? »

Le prince répondit que cela allait sans dire ; et, lui présentant trois de ses lansquenets, il leur dit que l'homme auprès duquel il les laissait était libre, et que leur devoir était de le protéger contre les insultes du peuple. Puis, saluant Kohlhaas, il s'éloigna.

Vers midi, Kohlhaas, accompagné de ses trois lansquenets, et suivi d'une foule innombrable qui, le voyant bien gardé, n'osait lui faire aucun mal, se rendit chez le chancelier du tribunal. Celui-ci, après l'avoir introduit avec beaucoup de bonté dans sa chambre d'audience, s'entretint avec lui pendant deux heures de tout ce qui s'était passé depuis l'origine de sa dispute avec le gentilhomme jusqu'à ce jour, puis il l'adressa, pour la rédaction de sa plainte, à l'un des plus célèbres avocats de la ville.

Cependant le gentilhomme, sommé de venir répondre à la plainte portée contre lui par Michel Kohlhaas, fut tiré de sa prison de Wittemberg, et ne tarda pas à arriver chez ses cousins Hinz et Kunz, où il fut reçu avec la plus grande amertume et le plus profond mépris. Ils le nommèrent un misérable et un indigne, qui avait apporté la honte sur toute sa famille, et le prévinrent qu'il perdrait immanquablement son procès, et qu'ils lui conseillaient de se préparer à remplir ses devoirs de palefrenier.

- Le gentilhomme répondit d'une voix faible et tremblante qu'il était le plus malheureux des hommes; il jura n'avoir rien su de toute cette af-

faire, que le châtelain et l'intendant
avaient seuls conduite; et, se jetant
sur une chaise, il les pria de ne point
l'accabler de reproches inutiles, qui
ne servaient qu'à rendre ses maux
encore plus insupportables.

Le lendemain, les seigneurs de
Tronka envoyèrent chez les fermiers
de Tronkénbourg pour avoir des nouvelles des chevaux oubliés depuis
l'incendie du château. Mais tout ce
qu'ils purent apprendre des habitans
des environs, fut qu'un valet avait été
contraint à les sauver des flammes par l'incendiaire lui - même.
La vieille intendante goutteuse, qui
s'était enfuie à Meissen, assura que le
domestique était sorti des frontières
avec les chevaux, le lendemain de cet
horrible jour. Des hommes de Dresde,
qui avaient passé à Wildsruf quelques jours après l'incendie, dirent

qu'ils y avaient rencontré un garçon avec deux chevaux éthiques qui, ne pouvant aller plus loin, avaient été vendus à un berger. Un messager, envoyé aussitôt à Wildsruf, rapporta la nouvelle que le berger les avait déjà revendus on ne savait à qui, et que le bruit courait même qu'ils étaient morts et enterrés à la voirie de Wildsruf.

On comprend aisément que c'était la chose que pouvaient le plus désirer les seigneurs de Tronka, qui avaient craint (leur cousin se trouvant sans écurie) que les chevaux ne fussent mis dans une des leurs pour y être restaurés.

Ils désirèrent avoir une certitude entière à cet égard; c'est pourquoi le gentilhomme Wenzel de Tronka adressa, comme seigneur féodal et justicier, une lettre au juge de Wildsruf, où il donnait la description exacte des chevaux de Kohlhaas, et lui ordonnait de les chercher dans le village, et, s'ils s'y trouvaient encore, de les faire conduire chez le chambellan Kunz à Dresde.

Peu de jours après, un homme arriva sur la place du marché, traînant derrière sa charrette deux chevaux maigres et exténués. Le malheur du gentilhomme, et encore plus celui de Kohlhaas, voulut que ce fussent les chevaux de ce dernier, qui étaient tombés entre les mains de l'écorcheur de Dobbeln.

Les seigneurs de Tronka, instruits de l'arrivée de cet homme, se rendirent sur la place du marché, suivis de plusieurs cavaliers.

Le gentilhomme eut à peine aperçu les chevaux, qu'il dit, d'un air troublé, que ce n'étaient pas ceux de Kohlhaas. Mais le seigneur Kunz, jetant sur lui un regard plein de colère, s'avança vers l'écorcheur, et ouvrant son manteau pour lui laisser voir ses ordres et sa dignité, lui demanda si c'étaient là les chevaux qui avaient été vendus par le berger de Wildsruf.

L'écorcheur, très-occupé à donner à boire au cheval gras et robuste qui était attelé à la charrette, répondit sans se déranger :

« Les noirs qui sont attachés là derrière, je les ai achetés à un gardeur de pourceaux; » puis, se baissant pour reprendre le seau qu'il avait posé devant sa bête, il ajouta que le maire de Wildsruf lui avait ordonné de les amener chez le seigneur Kunz de Tronka.

A ces mots, il se releva, et répandit dans la rue toute l'eau qui restait dans le seau.

Le chambellan, voyant que les manières de cet homme excitaient la risée du peuple, lui dit qu'il était lui-même le seigneur Kunz de Tronka, et que les chevaux qu'il avait amenés devaient, après avoir été sauvés de l'incendie de Tronkenbourg, avoir été vendus à un berger de Wildsruf, duquel les tenait sans doute le marchand de pourceaux.

Le rustre, replaçant le seau sur sa charrette, répondit qu'il remettrait les chevaux contre l'argent qui lui avait été promis; que, du reste, il ne savait rien de ce qui s'était passé auparavant, ni si le marchand de cochons les tenait de Pierre, de Paul, ou du berger de Wildsruf; qu'il lui suffisait de savoir qu'il ne les avait pas volés; et enfilant son fouet dans sa ceinture, il se dirigea vers un cabaret voisin.

Le chambellan, qui pensait bien

que ces chevaux ne pouvaient être que ceux par qui le diable était entré dans la Saxe, retint l'écorcheur, et somma son cousin de s'expliquer. Celui-ci dit en tremblant de tous ses membres, que le plus prudent serait d'acheter les chevaux, qu'ils fussent ou non ceux de Kohlhaas. Le seigneur Kunz, maudissant le père et la mère qui l'avaient engendré, se tourna vers la foule, tout-à-fait incertain sur ce qu'il devait faire. Trop orgueilleux pour quitter la place où il voyait bien que le peuple n'attendait que son départ pour rire de lui, il appela le baron de Wenk, un de ses amis, qui passait dans la rue, et le pria de se rendre aussitôt chez le comte de Wrède, pour le prier d'amener Kohlhaas sur la place du marché.

Kohlhaas était précisément en conférence avec le comte de Wrède, lors-

que le baron entra dans le cabinet du
chancelier. Celui-ci, mettant de côté les
papiers qu'il examinait, se leva d'un
air impatient. Le baron lui exposa la
situation dans laquelle se trouvaient
les seigneurs de Tronka, et dit que l'é-
corcheur de Dobbeln était arrivé
avec des chevaux dans un état si dé-
plorable, que le gentilhomme ne pouvait les reconnaître pour ceux du marchand. « Ayez donc la bonté, ajouta-
t-il, de faire prendre le maquignon
chez lui, pour qu'il soit conduit sur
la place du marché. »

Le grand-chancelier, ôtant ses lu-
nettes, répondit au baron qu'il était
doublement dans l'erreur; première-
ment, s'il croyait qu'il n'y eût pas d'autre moyen de se tirer d'embarras que
l'inspection oculaire de Kohlhaas, et
secondement, s'il se figurait que lui,
grand-chancelier, se croirait obligé

de faire conduire Kohlhaas partout
où ce serait le bon plaisir du gentilhomme. Puis, lui présentant le maquignon, qui s'était retiré à l'écart, il le
pria de lui faire sa commission en
personne.

Kohlhaas, sans rien laisser voir de
ce qui se passait dans son âme, dit
qu'il était prêt à le suivre; et s'approchant de la table, devant laquelle
le chancelier avait repris sa place, il
rassembla ses papiers dans son porte-
feuille, tandis que le baron le considé-
rait en ouvrant de grands yeux. Ensuite
il se rendirent, accompagnés des trois
lansquenets, sur la place en question.

Le chambellan, qui avait avec peine
conservé son sang-froid en présence
du peuple, s'avança vers eux dès qu'il
les aperçut, et demanda à Kohlhaas,
en lui montrant la charrette, si c'é-
taient là ses chevaux.

Le marchand, après avoir tiré son chapeau devant le seigneur qu'il ne connaissait pas, jeta les yeux sur les pauvres bêtes qui, la tête basse, les jambes faibles et tremblantes, regardaient tristement et sans le manger, le foin qui était devant elles.

« Ce sont bien mes chevaux, dit-il; puis, saluant encore une fois, il se mêla à la foule. Le chambellan, s'approchant d'un pas fier vers l'écorcheur, lui jeta une bourse, qu'il releva sans cesser de se gratter la tête avec un vieux peigne de plomb. Le seigneur Kuntz appela l'un de ses valets, et lui ordonna de détacher les bêtes et de les emmener chez lui. Celui-ci, à l'appel de son maître, sortit d'une bande d'amis et de parens qu'il avait trouvés dans la foule; mais à peine avait-il saisi le licol, que maître Himbold, son cousin, vint le prendre par le bras, et l'entraînant loin de la charrette, s'écria qu'il ne devait point toucher à ces bêtes éthiques. Il s'approcha ensuite du chambellan, qui était resté muet d'indignation, et il lui dit qu'il pouvait chercher une autre personne pour lui rendre ce service. Le chambellan, écumant de rage, se jeta sur maître Himbold, et le saisissant à la gorge, lui demanda de quel droit il empêchait ses valets de remplir leur devoir.

«Noble seigneur, répondit le maître en faisant un effort qui le délivra des mains du chambellan, un garçon de vingt ans est en âge de savoir ce qu'il doit faire, sans que personne ait besoin de l'influencer. Demandez-lui s'il veut seulement toucher les chevaux attachés à cette charrette. S'il le veut après ce que je lui ai dit, ainsi soit-il; mais, à mon avis, il fera bien de les faire écorcher au plus tôt. »

A ces mots, le chambellan, se tournant avec dignité vers son valet, lui demanda s'il était décidé à suivre ses ordres, et à conduire les chevaux jusqu'à ses écuries. Le jeune homme, murmurant quelques invectives contre ces bêtes du diable, tourna le dos à son maître, qui, transporté de colère, le poursuivit dans la foule, lui arracha les armoiries de sa maison qu'il portait à son chapeau, et le chassa, à coups de plat de sabre, de son service et de la place. Maître Himbold, s'élançant sur le chambellan, le renversa. En vain le gentilhomme Wenzel, tout en cherchant à s'échapper de la mêlée, cria-t-il aux chevaliers de secourir son cousin; avant qu'ils eussent fait un pas pour cela, le peuple était acharné sur le seigneur Kunz, qui ne dut la vie qu'à l'arrivée fortuite d'une bande d'archers. L'officier, après avoir dispersé la foule, arrêta maître Himbold, qui fut conduit en prison, tandis que le chambellan, couvert de sang, fut emporté au château par deux amis.

C'est ainsi qu'un malheureux destin semblait attaché à toutes les tentatives justes et raisonnables que faisait Kohlhaas pour obtenir le droit qui lui avait été refusé.

L'écorcheur de Dobbeln ayant fini son affaire, et ne voulant pas s'arrêter davantage, attacha les chevaux à une borne, où ils restèrent exposés aux railleries de tous les bandits et des garçons de rues jusqu'à ce que la police ayant trouvé convenable de s'en occuper, les fit prendre par un écorcheur de la ville.

Il paraissait tout-à-fait invraisem-

blable que les chevaux pussent jamais
être remis en état de rentrer à l'écurie de Kohlhaasenbruck, et supposé
que cela eût été possible, il en serait ré-
sulté une si grande honte pour la famille du gentilhomme, qui était une
des premières et des plus nobles de
l'État, qu'il semblait beaucoup plus
sage d'offrir à Kohlhaas une indemnité
en argent. Celui-ci n'attendait plus
que les ouvertures du gentilhomme
ou de ses parens pour lui accorder
pardon et oubli de tout ce qui s'était
passé.

Mais c'était précisément pour faire
ces ouvertures qu'il en coûtait à l'orgueil des chevaliers de Tronka.

Le chambellan, encore aigri par les
blessures qu'il avait reçues, se plai-
gnit au prince de ce qu'après avoir
exposé sa vie pour faire aller les choses selon ses vœux, il se voyait encore

obligé de sacrifier son honneur en s'abaissant jusqu'à la prière devant un homme qui n'avait attiré sur sa famille que honte et que ruine.

—

CHAPITRE VI.

C'est là qu'en étaient les choses à Dresde, lorsqu'un orage se formant à Lutzen, vint fondre sur la tête du malheureux Kohlhaas, et ranimer les espérances des seigneurs de Tronka, qui résolurent d'en profiter pour le perdre.

Jean Nagelschmidt, l'un des hommes

réunis par Kohlhaas et congédiés par lui à l'apparition de l'amnistie, avait trouvé bon de rassembler de nouveau, sur les frontières de la Bohème, une partie de ses anciens camarades, et de faire pour son propre compte le métier que lui avait enseigné le maquignon. Ce misérable, pour imposer aux coquins qui se joignaient à lui et donner plus d'éclat à ses brigandages, se disait le défenseur de Kohlhaas. Il prétendait que l'amnistie promise à ceux qui retourneraient tranquillement dans leurs foyers n'avait point été tenue, et que Kohlhaas lui-même, par la plus lâche perfidie, avait été arrêté dès son arrivée à Dresde et mis entre les mains d'une garde. Dans des placards semblables à ceux de Kohlhaas, il invitait les chrétiens à venir se joindre à lui pour veiller à l'exécution de l'amnistie promise par le prince. Dans le fait, il ne

s'intéressait nullement au sort de Kohlhaas, et tout cela n'était qu'un prétexte pour pouvoir se livrer de nouveau au désordre et au pillage.

Les chevaliers ne purent cacher leur
joie à la pensée de la nouvelle face
qu'allait prendre toute cette affaire.
Ils répandirent le bruit que Nagelschmidt avait pris les armes d'accord
avec Kohlhaas, que celui-ci, après un
faux semblant de soumission, avait caché sa troupe dans les forêts des environs, où elle n'attendait qu'un signal
de lui pour en sortir de nouveau avec
le fer et le feu.

Le prince Christiern de Meissen, très-
mécontent de cette tournure des choses, voulut avoir un entretien avec
Kohlhaas.

Il le fit demander, et le marchand
s'y rendit avec ses deux fils que Stern-

bald lui avait ramenés du Mecklem-
bourg.

Après lui avoir fait quelques questions sur l'âge et le nom de ses enfans,
le prince s'ouvrit à lui sur la rebellion
de son ancien domestique Nagelschmidt, et lui présentant le mandat
de cet homme, il lui demanda ce qu'il
avait à dire pour sa justification.

Quelque vif et profond effroi qu'il
ressentît à la vue de ce papier, le
maquignon eut cependant peu de
peine à se justifier devant un homme
aussi juste que le prince, des préven-
tions qui l'accusaient. Quelques papiers qu'il avait sur lui, lui prouvèrent
aussitôt l'invraisemblance de son accord avec Nagelschmidt, qu'il avait
résolu de faire pendre à Lutzen pour
le punir de son insubordination, lorsque l'amnistie avait paru. Ils s'étaient
quittés ennemis mortels.

Kohlhaas, sur l'invitation du prince, écrivit sous ses yeux une lettre à Nagelschmidt pour lui représenter toute l'indignité de sa rebellion, et l'avertir qu'en réunissant de nouveau ses gens après la publication de l'amnistie, il avait attiré sur lui toute la colère des lois.

Le prince ayant rassuré Kohlhaas en lui rappelant que tant qu'il serait à Dresde l'amnistie ne pouvait être rompue, il baisa encore une fois les enfans, leur donna quelques fruits qui étaient sur la table, serra la main du marchand et le salua.

Tous les efforts du grand-chancelier pour terminer ce procès avant que quelque nouvelle charge contre Kohlhaas vint aggraver sa cause, furent paralysés par ceux des seigneurs de Tronka, dont le but était au contraire de le traîner en longueur. Renonçant à l'aveu muet de

la faute qu'ils avaient opposé jusqu'a-
lors à l'accusation, ils commencèrent
à la nier entièrement. Ils prétendirent,
tantôt que les chevaux de Kohlhaas
avaient été retenus au château sans
le consentement du gentilhomme, par
la seule volonté du châtelain et de
l'intendant, tantôt qu'ils avaient été
attaqués d'une violente maladie, peu
après leur établissement à Tronkenbourg, et enfin ils produisirent un
édit par lequel, douze ans auparavant,
le passage des chevaux du Brandenbourg en Saxe avait été momentané-
ment défendu à cause d'une maladie
du bétail. Par ce document, clair
comme le jour, la compétence du
gentilhomme pour arrêter les chevaux
sur la frontière se trouvait pleinement
établie.

Kohlhaas ayant reçu de son digne
voisin de Kohlhaasenbruck la permis-

sion de reprendre sa ferme, sous la condition d'un petit dédommagement, imagina de se servir du prétexte que sa présence était nécessaire pour terminer cet arrangement, afin de forcer ses juges à prendre une décision et à prononcer sur son destin.

Il se rendit chez le grand-chancelier, et, lui montrant la lettre de son voisin, il dit que sa présence ne paraissant pas nécessaire à Dresde dans ce moment, il désirait aller passer à Kohlhaasenbruck huit ou dix jours, au bout desquels il promettait d'être de retour.

Le grand-chancelier, prévoyant tout le tort que pourrait lui faire une absence de quelques jours, dans de pareilles circonstances, lui répondit d'un air mécontent que sa présence était plus nécessaire que jamais pour que le jugement ne se prononçât pas en faveur de ses adversaires.

Mais Kohlhaas l'ayant assuré qu'il avait une entière confiance en son avocat, et renouvelant sa demande, le grand-chancelier, après une pause, lui dit qu'il n'avait qu'à demander un permis au prince de Meissen.

Kohlhaas, qui lisait dans le cœur du grand-chancelier, s'affermit toujours davantage dans sa résolution, et se plaçant à sa table, il écrivit au prince de Meissen, comme chef du gubernium, pour obtenir de lui la permission de se rendre, pour quelques jours, à Kohlhaasenbruck.

Il reçut du baron Siegfried de Wenk, qui remplaçait le prince de Meissen au gubernium, pendant son séjour dans ses terres, la réponse que son désir serait exposé à son altesse le prince électeur, dont on lui ferait connaître la volonté.

Kohlhaas, dont le cœur commençait à battre avec inquiétude, attendit quelques jours la décision du prince; une semaine s'étant écoulée tout entière sans qu'il reçût aucun message de la cour, il se décida à renouveler sa demande.

Mais quelle fut sa surprise lorsque, le soir du jour suivant, après avoir vainement attendu la réponse désirée, il vit de sa fenêtre que sa garde avait abandonné le pavillon qui lui avait été assigné pour demeure.

Thomas, qu'il appela pour lui demander ce que cela signifiait, répondit en soupirant :

« Monsieur, tout ne va pas comme cela devrait aller. Les lansquenets sont plus nombreux aujourd'hui; ils se sont dispersés tout à l'entour de la maison. Il y en a deux, armés de lances, à la porte de la rue, deux à celle du jardin, et trois autres se sont établis dans l'antichambre, où ils prétendent passer la nuit. »

Kohlhaas devint pâle comme la mort. Il entendit au même instant un cliquetis d'armes, qui lui prouva la vérité de ce que venait de lui dire le vieux Thomas.

Quelque peu d'envie qu'il eût de dormir, il se mit au lit, où sa résolution fut bientôt prise pour le lendemain. Rien ne lui déplaisait plus, dans le gouvernement, que l'apparence de justice sous laquelle l'amnistie était rompue indignement. S'il était réellement prisonnier, ce qui semblait hors de doute, il voulait savoir pourquoi.

Le lendemain matin, il fit atteler sa voiture, disant qu'il voulait aller dîner à Lokwitz, chez un de ses anciens amis, qu'il avait rencontré à Dresde, et qui l'avait invité à le visiter avec ses enfans.

Les lansquenets, voyant ses préparatifs, envoyèrent secrètement un des leurs à la ville, et peu de minutes après, Kohlhaas, qui paraissait tout occupé de l'habillement de ses enfans, remarqua quelques archers, qui entrèrent avec leur officier dans la maison en face de la sienne.

Il fit approcher sa voiture, y plaça ses deux fils, et après avoir consolé ses petites filles, auxquelles il avait ordonné de rester avec la fille du vieux Thomas, il y monta lui-même, en disant aux lansquenets qu'ils n'avaient pas besoin de l'accompagner. Mais à peine était-il assis, que l'officier des archers, sortant avec sa suite de la maison où il était entré, vint lui demander où il allait, et pourquoi il ne se faisait pas suivre de la garde que lui avait donnée le prince de Meissen.

Kohlhaas répondit en souriant qu'il allait chez un ami, dans la maison duquel il serait parfaitement en sûreté, et qu'il voulait profiter de la liberté que le prince lui avait accordée de ne plus se servir de la garde, dès qu'il le trouverait convenable.

L'officier prétendit que le baron de Wenk, qui était en ce moment le chef de la police, lui avait ordonné de le faire garder soigneusement, et il le pria, puisqu'il ne voulait pas se faire accompagner de ses lansquenets dans sa partie de plaisir, de venir avec lui au gubernium pour éclaircir le malentendu qui, sans doute, causait ce conflit.

Kohlhaas, impatient de voir enfin son sort se décider, lui dit qu'il était

prêt à le suivre. Le cœur vivement
ému, il fit rentrer les enfans, et se
rendit avec l'officier au gubernium.

Le baron de Wenk se trouvait en
ce moment même en conférence avec
un des hommes de la bande de Nagelschmidt que l'on venait d'arrêter.
Dès qu'il aperçut Kohlhaas, il lui demanda durement ce qu'il voulait; et
celui-ci lui exposa humblement le
désir qu'il avait d'aller à Lokwitz sans
être accompagné des lansquenets. Le
baron, changeant de couleur, lui répondit qu'il ferait bien de se tenir
tranquille dans sa maison, et de renoncer à la bonne chère qu'il comptait faire chez son ami.

Puis se tournant vers l'officier, il
lui rappela qu'il avait reçu l'ordre de
veiller sur cet homme, et de ne le
laisser sortir que sous la garde de six
lansquenets armés.

« Quoi! s'écria Kohlhaas, suis-je donc prisonnier, et dois-je croire que l'amnistie qui m'a été accordée à la face du monde soit si indignement violée?

— Oui, oui, oui, » lui répondit le baron d'un air emporté; puis lui tournant le dos, il retourna auprès de l'homme de Nagelschmidt.

Kohlhaas quitta la salle rempli de tristesse; car il voyait bien qu'il venait de perdre le dernier espoir de se sauver par la fuite. Cependant il se félicitait intérieurement de se voir délivré de l'obligation de rester fidèle aux articles de l'amnistie.

Nagelschmidt, vivement repoussé de tous les côtés dans les vallées de l'Erzgebirge, prêt à succomber, et privé de tout secours, tenta d'intéresser Kohlhaas à son destin.

Etant instruit de la manière dont

il était traité à la cour, il pensa qu'il ne lui serait pas difficile de l'engager à changer l'inimitié qui régnait entre eux en une nouvelle alliance.

Il lui envoya, par un de ses hommes, une lettre à peine lisible, où il lui offrait, à condition qu'il viendrait à Altembourg se remettre à la tête de sa troupe, tous les moyens de s'échapper de Dresde; il lui promettait d'être à l'avenir plus soumis qu'auparavant, et de lui donner la première preuve de sa fidélité en venant lui-même l'arracher de sa prison.

Le jeune homme, porteur de cette lettre, eut le malheur d'être attaqué d'une fièvre violente, dans un village voisin de Dresde. Pendant le cours de sa maladie, la lettre tomba entre les mains des gens qui le secouraient, et dès qu'il fut rétabli, il fut arrêté et conduit par la garde au gubernium.

Le baron de Wenk, instruit de cette circonstance, se rendit chez le prince électeur, où se trouvaient réunis les seigneurs Kunz et Hinz de Tronka et le président de la chancellerie, comte de Kallheim. Ces messieurs furent de l'avis qu'il fallait aussitôt arrêter Kohlhaas, et porter contre lui une grave accusation pour ses secrètes relations avec Nagelschmidt, considérant que la lettre écrite par ce dernier ne pouvait avoir été que la suite d'une alliance antérieure avec le maquignon.

Le prince électeur se refusait encore à rompre l'amnistie accordée par lui à Kohlhaas; il lui semblait au contraire que cette lettre établissait la probabilité qu'il n'existait aucune alliance entre lui et Nagelschmidt, et il résolut qu'avant de rien entreprendre on lui ferait remettre la lettre, et que l'on déciderait de son sort d'après sa réponse.

Le lendemain le jeune homme fut tiré de sa prison, conduit au gubernium, où le baron lui remit sa lettre; et sous la promesse de le soustraire au châtiment qui l'attendait, il lui ordonna de la porter à Kohlhaas, comme si rien n'était arrivé.

Le maquignon, qui, quelques jours auparavant, aurait pour toute réponse livré le messager entre les mains des lansquenets, aigri maintenant par l'injustice du prince qui l'avait fait prisonnier, et persuadé qu'il était perdu sans retour, regarda le jeune homme avec tristesse, et lui demanda de revenir au bout de quelques heures ; puis il écrivit à Nagelschmidt qu'il acceptait sa proposition de reprendre le commandement de sa troupe, qu'il le priait en conséquence de lui envoyer une voiture et deux chevaux dans la ville neuve de Dresde, et deux cavaliers hardis et courageux pour l'aider à se débarrasser de ses lansquenets, dans le cas où il ne pourrait les gagner; qu'il refusait du reste sa présence à Dresde, la regardant comme inutile et dangereuse. Il joignit à ce billet un rouleau de vingt couronnes d'or pour l'indemniser de ses frais.

Le messager étant revenu vers le soir, il lui remit le tout, en le priant de bien remplir son message.

Tout-à-fait indifférent à la rebellion de Nagelschmidt, son intention était de se rendre à Hambourg avec ses cinq enfans, de s'y embarquer pour le Levant, pour les Indes orientales, ou pour toute autre contrée où le soleil luirait sur des hommes différens de ceux qu'il connaissait; car l'affaire de ses chevaux avait rempli son âme

d'amertume et de haine contre l'hu-
manité.

À peine la réponse de Kohlhaas
fut-elle parvenue au château, qu'il fut
arrêté par un ordre émané du cabinet
du prince électeur, chargé de lourdes
chaînes, et conduit dans la tour.
Interrogé sur sa lettre à Nagelschmidt, il ne put nier qu'il l'avait écrite,
et n'ayant rien à dire pour sa justification, il fut condamné à la marque
et aux galères.

Ce fut à cette époque que l'électeur de Brandenbourg, animé du désir
de sauver Kohlhaas, adressa à la cour
de Saxe un édit par lequel il réclamait son sujet, le maquignon de Kohlhaasenbruck.

Le vaillant capitaine Henri de Geusau l'avait instruit depuis peu de
l'histoire de cet homme extraordinaire, et de la faute dont s'était rendu

coupable son archichancelier, le comte de Kallheim. Le prince, indigné de la complicité de ce parent du gentilhomme, l'avait aussitôt disgracié et remplacé par Henri de Geusau, qu'il chargea du soin de secourir Kohlhaas.

Celui-ci, rempli de pitié pour le malheureux auquel il s'était toujours intéressé, résolut d'employer tous ses moyens à le sauver.

Il demanda, au nom de son prince et des lois divines et humaines, qu'on lui livrât Kohlhaas pour qu'il fût puni des forfaits dont il était accusé, selon les lois du Brandenbourg; de plus, il réclamait la permission d'envoyer à la cour de Dresde un procureur qui plaiderait de nouveau, au nom de Kohlhaas, et lui ferait obtenir justice pour la malheureuse affaire des chevaux.

Après un premier refus, l'archichancelier de Geusau déclara que son prince saurait soutenir ses droits, que Kohlhaasenbruck était sur le territoire brandenbourgeois, et que la sentence exécutée contre l'un de ses sujets serait regardée comme une atteinte aux droits des nations.

L'électeur de Saxe, effrayé par la nouvelle de l'alliance que la couronne de Pologne venait de former contre lui avec la cour de Berlin, trouva prudent, ainsi que le chambellan Kunz et le prince Christiern, de consentir à ce que demandait Henri de Geusau.

Kohlhaas fut cédé à la cour de Berlin qui, après s'être informée de l'accusation portée contre le maquignon, résolut d'en appeler à l'empereur, et lui envoya pour cela une relation détaillée de la guerre de Kohlhaas dans la Saxe, et de la rupture indigne de l'amnistie qui lui avait été accordée.

Huit jours après, le maquignon partit de Dresde avec ses cinq enfans, escorté par le chevalier Frédéric de Malzahn, que l'électeur de Brandenbourg lui avait envoyé avec six chevaliers.

FIN DU PREMIER VOLUME.

TABLE
DU PREMIER VOLUME.

PARIS, IMPRIMERIE DE BOURGOGNE.

www.ingramcontent.com/pod-product-compliance
Lightning Source LLC
Chambersburg PA
CBHW070637100426
42744CB00006B/722